젊은 그리스도인으로 형성되어 가던 시기에, 나는 내가 기독교적 사고와 행동에 대한 많은 도전에 직면하고 있다는 사실을 뼈저리게 깨달았다. 이런 도전들에 어떻게 응답하고 그리스도인으로서 어떻게 생각하고 살아야 하는지 이해하는 일에 존 스토트만큼 도움을 준 저자는 거의 없었다. 하나님의 도에 신실하고자 할 때 마주치는 도전들은 내가 젊은 그리스도인이었을 때보다 오늘날 더 예리하고 복잡하다. 이 작은 책들에서 독자는 그리스도인의 삶에 대한 스토트의 사상의 정수를 발견하게 된다. 이 자료를 다시 읽고 그것이 오늘날 얼마나 적절하고 건전한 유익이 있는지를 생각하면 마음이 상쾌해진다. 새 세대가 스토트의 사상을 접할 수 있게 해 준 IVP와 팀 체스터에게 감사한다.

아지드 페르난도 스리랑카 Youth for Christ 교육 책임자

과학기술의 발달로 이전 어느 때보다 더 많은 음성이 우리의 주의를 끌기 위해 소란스럽게 외쳐 댄다. 하지만 동시에 사람들이 주의깊게 경청하는 능력은 이전 어느 때보다 저하된 듯하다. 존 스토트의 강연과 저술은 특히 두 가지 면에서 유명하다. 스토트는 하나님을 위해 신실하게 살기 위해 하나님께 주의 깊게 귀 기울이는 법을 가르쳤다. 그리고 스토트는 하나님의 목적들을 명료하게 전달하기 위해 세상에 민감하게 귀 기울이는 법에 대한 모범이 되었다. 스토트는 우리에게 듣는 법을 가르쳤다. 이 때문에 『시대를 사는 그리스도인』이 새로운 세대의 독자들을 위해 시리즈라는 새로운 체제로 주의 깊게 개정된 것은 감격스러운 일이다. 이 책을 읽을 때, 우리가 잘 들을 수 있기를!

마크 메이넬 랭엄 파트너십 랭엄 설교사역 유럽 및 카리브해 지역 책임자, *Cross-Examined, When Darkness Seems My Closest Friend* 저자

존 스토트의 글을 읽으면 언제나 마음이 산뜻해지고, 깨달음과 도전을 얻는다. 그의 가장 중요한 저술 중 하나를 계속 접할 수 있으리라는 것이 정말 기쁘며, 앞으로도 수십 년은 더 그러기를 바란다. 스토트가 하나님의 말씀에 신실한 동시에, 하나님의 일하심이라는 드라마가 상연되는 그분의 세상 곧 세속화된 서구 사회에 적실하고자 분투하는 방식은 우리에게 모범이 된다. 특히 우리가 처한 다양한 상황 속에서 교회를 섬기도록 안수받은 사람들에게는 더욱 그렇다. 저자와 동일하게, 하나님의 말씀과 하나님의 세상에 집중적으로 귀를 기울이며 하나님의 음성을 듣고 하나님께 순종하려는 모든 이에게 『시대를 사는 그리스도인』 시리즈를 적극 추천한다.

데이비드 색 니링기예 *The Church: God's Pilgrim People* 저자

어린아이가 수백 개의 퍼즐 조각 앞에서 기가 질린 모습을 상상해 보라. 도저히 그 조각들을 맞출 수가 없다! 그런데 어느 친절한 아저씨가 와서 퍼즐 전체를 한 조각 한 조각 맞출 수 있도록 옆에서 도와준다고 생각해 보라. 존 스토트의 『시대를 사는 그리스도인』을 읽을 때 바로 그런 느낌이 든다. 우리가 사는 세계는 고사하고, 우리가 읽는 성경조차 이해할 수 없다고 느끼는 사람들에게, 그는 곁에서 동행하면서 명확함과 통찰이라는 그의 어마어마한 은사를 가지고 한 걸음 한 걸음 우리를 도와 성경의 렌즈를 통해 세상을 이해한다는 것이 무슨 의미인지 밝혀내게 해 준다. 각 장 끝에 팀 체스터의 질문들이 실린 것은 큰 축복이다. 그 질문들은 우리가 내딛는 한 걸음 한 걸음을 충분히 생각하고 내면화시키도록 도와준다.

리코 타이스 런던 랭엄 플레이스 올 소울스 교회의 복음전도 담당 선임 사역자, 『기독교 탐사』 공동저자

새로운 세대가 이제 이 풍성한 가르침의 유익을 누릴 수 있으리라는 것이 기쁘다. 처음 나왔을 때 나에게 많은 도움을 주었던 책이다. 존 스토트가 언제나 그렇듯이, 이 책은 성경에 대한 신실한 해설, 세상에 대한 철저한 참여, 우리 삶을 위한 도전적 적용의 멋진 혼합이다.

본 로버츠 옥스퍼드 세인트 에브스 교회 관할 사제,
『세상과 나를 위한 하나님의 디자인』 저자

존 스토트의 저술은 나에게 오래도록 유익을 주었다. 스토트가 성경 본문에 대한 엄격한 참여와 당대 문화에 대한 주의 깊은 참여를 결합시키는 방식 때문이다. 『시대를 사는 그리스도인』 시리즈는 최상의 스토트를 제시한다. 즉, 성경의 권위에 대한 스토트의 헌신, 교회의 선교에 대한 그의 열심, 그리고 세상에서 신실하게 증거하라는 그의 요청 등을 드러낸다. 여기에 제시된 스토트의 성찰들은 오늘날 교회 지도자들이 반드시 읽어야만 한다.

트레빈 왁스 LifeWay Christian Resources 성경 및 관련 도서 출판 책임자,
『디스 이즈 아워 타임』 저자

교회

IVP(InterVarsity Press)는
캠퍼스와 세상 속의 하나님 나라 운동을 지향하는
IVF(InterVarsity Christian Fellowship)의 출판부로
생각하는 그리스도인을 위한 문서 운동을 실천합니다.

© 2019 John Stott's literary Executors

Originally published in English as *The Church:A Unique Gathering of People*
by Inter-Varsity Press, London, England, United Kingdom.
This volume has been adapted from John Stott, *The Contemporary
Christian* (1982) and is one of five titles published in this format
in The Contemporary Christian Series with extra text,
including questions, by Tim Chester.
All rights reserved.

This Korean translation edition © 2021 by Korea InterVarsity Press
156-10 Donggyo-ro, Mapo-gu, Seoul 04031, Republic of Korea.
This Korean edition is published by arrangement of Inter-Varsity Press
through rMaeng2, Seoul, Republic of Korea.

이 한국어판의 저작권은 알맹2를 통하여 IVP UK와 독점 계약한 IVP에 있습니다.
신 저작권법에 의하여 한국 내에서 보호받는 저작물이므로
무단 전재와 무단 복제를 금합니다.

The Contemporary Christian Series: The Church

시대를 사는 그리스도인 시리즈

교회
세상이 감당하지 못하는 공동체

존 스토트

팀 체스터

정옥배·한화룡 옮김

IVP

차례

서문	11
독자에게	15
시리즈 서론: 시대를 사는 그리스도인—그때와 지금	17
교회: 서론	27
1 교회에 대한 세상의 도전	31
2 지역 교회를 통한 복음 전도	51
3 교회 갱신의 차원들	75
4 교회의 목회자	95
시리즈 결론: 지금과 아직	121
주	135

이 책의 모든 인세는 랭엄 문서사역(Langham Literature)으로 변경할 수 없이 양도되었다. 랭엄 문서사역은 존 스토트가 설립하고 크리스 라이트(Chris Wright)가 국제 사역 디렉터(International Ministries Director)를 맡고 있는 랭엄 파트너십(Langham Partnership)의 한 사역이다.

랭엄 문서사역은 출판과 배포, 지원과 할인 등을 통해 다수세계의 설교자, 학자, 신학교 도서관 들에 복음주의 도서와 전자 자료를 공급한다. 또한 저자 지원, 지역의 복음주의적 출판사 강화, 주요 지역 문서 프로젝트 투자 등을 통해 다양한 언어로 된 토착 복음주의 서적이 나올 수 있도록 촉진한다.

랭엄 문서사역 및 랭엄 파트너십의 다른 사역들에 대해 더 알아보려면 웹사이트 www.langham.org를 방문하라.

서문

'현대를 산다'(contemporary)는 것은 현재 속에서 산다는 뜻이다. 그리고 과거나 미래에 대해 너무 염려하지 않고 시간의 흐름에 따라 살아가는 것을 뜻한다.

그러나 '현대를 사는 그리스도인'(contemporary Christian)이 된다는 것은, 과거에 대한 지식과 미래에 대한 기대 덕분에 풍성해진 현재를 사는 것이다. 기독교 신앙은 바로 이것을 요구한다. 왜 그런가? 우리가 신뢰하고 경배하는 하나님은 "알파와 오메가라. 이제도 있고 전에도 있었고 장차 올 자요 전능한 자"이시며,[1] 우리가 따르는 예수 그리스도는 "어제나 오늘이나 영원토록 동일하시[기]" 때문이다.[2]

그래서 이 책과 시리즈는 그리스도인들이 시간을 다루는 법, 곧 어떻게 우리의 사고와 삶 속에서 과거와 현재와 미래를 결합시킬 수 있는가를 다룬다. 우리는 두 가지 주된 도전에 직면한다. 첫째는 '그때'(과거)와 '지금'(현재) 사이의 긴장이며, 둘째는 '지금'(현재)과 '아직'(미래) 사이의 긴장이다.

서론에서는 첫째 문제를 펼쳐 보인다. 진정으로 과거를 존중하면서 동시에 현재를 사는 것이 가능한가? 주위 사람들과 동떨어지지 않으면서 기독교의 역사적 정체성을 온전히 보존할 수 있는가? 또 복음을 왜곡하거나 심지어 파괴하지 않으면서 그것을 흥미진진하고 현대적인 방식으로 전달할 수 있는가? 옛것을 신뢰하면서 동시에 새롭게 될 수 있는가, 아니면 둘 중 하나를 선택해야 하는가?

결론에서는 둘째 문제, 즉 '지금'과 '아직' 사이의 긴장을 다룬다. 아직 계시되거나 주어지지 않은 영역을 부당하게 침범하지 않으면서, 하나님이 그리스도를 통해 말씀하시고 행하신 모든 것을 우리는 어느 정도나 탐구하고 경험할 수 있는가? 어떻게 현재 있는 곳에 대해 득의양양하지 않고 아직 전개되지 않은 미래 앞에서 적절한 겸손을 보일 수 있는가?

과거와 미래가 끼치는 영향을 탐구한 이 두 부분 사이에, 현재 시대를 사는 그리스도인의 책임에 관한 탐구가 나온다.

이 시리즈는 '복음' '제자' '성경' '교회'(당신이 지금 손에 들고 있는 책) '세상'이라는 다섯 가지 제목으로 교리와 제자도 문제를 다룬다. 하지만 나는 이 주제들에 관한 모든 것을 망라하기는커녕, 사실 체계적으로 다루려 하지도 않았다.

시간이라는 주제 및 과거와 현재와 미래의 관계에 덧붙여, 이 책 전체를 꿰뚫고 흐르는 또 하나의 주제가 있다. 그것은 더 적게 말하고 더 많이 들어야 할 필요성에 관한 것이다.

나는 우리가 '이중 귀 기울임'이라는 어렵고도 심지어 고통스러운 과업으로 부름받았다고 믿는다. 우리는 고대의 말씀(Word)과 현대 세계(world) 둘 다에 (물론 존중하는 정도는 서로 다르지만) 주의 깊게 귀를 기울여야 한다. 성실하고도 민감하게 그 둘을 관련시키기 위해서다.

이 시리즈 각 책은 이중 귀 기울임의 시도다. 나는 우리가 이중 귀 기울임의 능력을 개발할 수만 있다면, (말씀에 대한) 불성실함과 (현대 세계에의) 부적실성을 피하고 오늘날 하나님의 세상에 하나님의 말씀을 효과적으로 말할 수 있으리라 확신한다.

1991년 존 스토트가 처음 쓴 서문에서 각색함

독자에게

이 책이 포함된 시리즈의 기초가 된 『시대를 사는 그리스도인』(*The Contemporary Christian*)이라는 제목의 원래 책은 사반세기 이상 지난 이후의 독자들에게는 더 이상 '시대를 사는' 것처럼 보이지 않을 수도 있다. 하지만 출판사와 존 스토트의 문서 집행인은 이 책에서 존 스토트가 다루는 쟁점들이 처음 쓰였을 때와 마찬가지로 오늘날에도 전적으로 적실하다고 확신한다.

문제는 어떻게 하면 새 세대의 독자들이 이 중대한 저술에 접근하기 쉽도록 만들 것인가 하는 점이었다. 우리는 다음과 같은 식으로 이 일을 하려고 애썼다.

- 기존 책의 다섯 가지 주요 부분에 기초해서, 여러 권의 작은 책으로 나누었다.
- 21세기 독자가 공감하지 못할 수도 있는 단어들은 최신 단어들로 개정하면서도, 원본에 있는 저자의 사고 흐름과 문체를 유지하기 위해 매우 주의를 기울였다.

- 반성과 응답을 돕기 위해 각 장 끝에 현재 기독교 베스트셀러 저자 팀 체스터가 만든 질문들을 첨부했다.

원 저서를 사랑하는 사람들은 새로운 세기에 들어서서도 이 책을 접할 수 있고 그 범위와 영향력이 확장되는 데에 기쁨을 표했다. 원 저서가 이미 많은 사람의 삶을 매우 풍요롭게 해 주었듯, 이 책을 읽는 독자들의 삶이 풍성해지기를 기도한다.

시리즈 서론

시대를 사는 그리스도인—그때와 지금

많은 사람이 '현대적 그리스도인'과 '현대적 기독교'라는 표현을 용어상의 모순처럼 여긴다. 기독교는 오늘의 세계에 살아가는 사람들과는 상관없는 먼 과거로부터 내려오는 고대의 유물이 아닌가?

이 시리즈에서 나는 '현대적 기독교'라는 것이 실재한다는 사실을 보여 주려고 한다. 그것은 최신식의 무언가가 아니라, 현대 세계와 민감하게 관련된, 원래의 역사적이고 정통적이며 성경적인 기독교다.

역사적이며 현대적인 기독교

먼저 우리는 기독교가 역사적 종교임을 재천명한다. 물론 모든 종교는 특정한 역사적 맥락에서 생겨났다. 그러나 기독교는 역사적 종교임을 특별히 강력하게 주장한다. 왜냐하면 기독교는 나사렛 예수라는 역사적 **인물**에 기초할 뿐 아니라, 그분과 관련한 특정한 역사적 **사건들**, 특히 그분의 탄생과 죽음과 부활에 의존하기 때문이다. 기독교가 발원한 유대교와는 이 점에서 공통 요소가 있다. 구약에서는 야훼를 '아브라함과 이삭과 야곱의 하나님'일 뿐 아니라 또한 아브라함과 언약을 맺으시고 이삭, 야곱과 이를 갱신하신 언약의 하나님으로 제시한다. 또한 '모세의 하나님'일 뿐 아니라 출애굽을 책임지신 구속자로, 나아가 시내산에서 다시 한번 언약을 갱신하신 분으로 제시한다.

그리스도인들의 마음과 정신은 과거에 일어난 이 결정적이고 역사적인 사건들에 영원히 고정되어 있다. 성경은 우리에게 그 사건들을 감사한 마음으로 회고해 보라고 계속해서 권고한다. 실제로 하나님은 의도적으로 그분의 백성들이 때마다 그분의 구원의 행동을 기억할 수 있도록 준비해 놓으셨다. 가장 중요한 주의 만찬 혹은 성만찬은 우리가 그리스도 속죄의 죽음을 정기적으로 떠올리고, 그래서 과거를 현재로 가져올 수 있도록 해 준다.

하지만 문제는 기독교의 토대를 이루는 사건들이 너무나 오래전에 일어났다는 점이다. 나는 몇 년 전에 두 명의 형제와 대화를 나눈 적이 있다. 그들은 학생들로, 자기 부모의 신앙을 거부했다고 말했다. 한 명은 이제 불가지론자였고, 또 한 명은 무신론자였다. 나는 이유를 물었다. 그들은 더 이상 기독교의 진리를 믿지 않았는가? 그렇지 않다. 기독교가 **진리인가** 아닌가 하는 물음이 아니라, 그것이 현재 그들의 삶과 **관계있는가** 아닌가 하는 물음 앞에서 그들은 딜레마에 빠져 있었다. 도대체 어떤 연관성이 있겠는가? 그들은 이어서, 기독교는 오래전에 생겨난, 팔레스타인의 원시 종교라고 말했다. 그렇다면 흥미진진한 현대 세계에 살고 있는 그들에게 기독교가 도대체 무엇을 제시할 수 있다는 말인가?

기독교에 대한 이런 생각은 널리 퍼져 있다. 예수님이 살던 시대 이래로 세상은 극적으로 변했으며, 당황스러운 속도로 계속 변하고 있다. 사람들은 꼭 복음이 거짓이라고 생각해서가 아니라 더 이상 그것에 공감할 수 없기 때문에 거부한다.

이에 대응하여, 우리는 하나님이 과거에 말씀하신 것을 통해 지금도 계속 말씀하신다는 근본적인 기독교의 확신을 분명히 할 필요가 있다. 그분의 말씀은 진열장 안에 전시될 선사 시대의 화석이 아니라, 현대 세계를 위한 살아 있는 메시지다. 성경의 역사적 특정성과 현대 세계의 엄청난 복잡성을 인정한다 하더라도, 그 둘은 여전히 근본적으로 조화를 이룬다. 하나님의 말씀은 계속해서 우리 발의 등이요 우리 길의 빛이다.[1]

동시에 우리는 여전히 딜레마에 빠져 있다. 기독교는 자신의 진정한 정체성을 그대로 간직하면서 **또한** 자신의 적실성을 보여 줄 수 있을까?

우리 세대가 흥미를 갖게끔 예수님을 제시하려는 욕구는 분명 정당하다. 이것이 바로 독일의 목사 본회퍼(Bonhoeffer)가 2차 대전 당시 감옥에 있을 때 몰두한 일이었다. 그는 "나를 끊임없이 괴롭히는 것은…오늘날 우리에게 예수님은 어떤 분인가 하는 질문이다"라고 썼다.[2] 이것은 어려운 질문이다. 어느 세대에나 교회는 이 질문에 대답하고자 신약 저자들이 묘사한 모습에서 벗어난 그리스도의 이미지를 발전시키는 경향이 있었다.

예수님을 현대화하려는 시도들

현대적인 그리스도의 모습을 제시하려는 교회의 수많은 시도 중 몇 가지는 다음과 같다. 그중 어떤 것들은 다른 것보다 더 원래 모습에 충실했다.

우선 여러 세대의 수도승들과 은자들을 고취시켰던 **금욕주의자 예수**에 대해 생각해 보자. 예수님은 세례 요한과 매우 비슷했다. 그분 역시 낙타털로 만든 옷을 입었고, 샌들을 신거나 맨발로 다녔으며, 아주 맛있게 메뚜기를 드셨기 때문이다. 그러나 이런 묘사를 예수님이 사시던 당시 사람들의 비난, 곧 그분이 "와서 먹고 마[신다]"는,[3] 파티에 가기를 즐기는 사람이라는 비난과 조화시키기는 매우 어려울 것이다.

그다음으로 **창백한 갈릴리인 예수**가 있다. 콘스탄티누스(Constantine) 대제가 로마의 이방신들 대신 그리스도를 숭배한 후에, 배교자 율리아누스(Julian) 황제는 다시 그 이방신들을 숭배하려고 애썼으며, 주후 363년에 임종을 맞는 자리에서 "그대가 이겼도다, 오 갈릴리인이여"라고 말한 것으로 알려졌다. 그의 말은 19세기의 시인 스윈번(Swinburne)이 쓴 다음과 같은 시구로 널리 퍼졌다.

그대가 이겼도다 오 창백한 갈릴리인이여

세상은 그대의 숨결로부터 잿빛으로 변했도다.

이런 예수의 모습은 중세의 미술과 스테인드글라스에 영구히 보존되어 있는데, 천상의 후광을 입은 채 핏기 없는 안색을 띤 예수가 눈을 들어 하늘을 보고 발을 전혀 땅에 디디지 않고 있는 모습으로 그려져 있다.

예수님을 연약하고, 고난받으신, 패배한 분으로 제시하는 것과 대조되는 묘사로, **우주적 그리스도 예수**가 있다. 이런 묘사는 비잔틴 교회 지도자들로부터 많은 사랑을 받았다. 그들은 예수님을 왕의 왕이며 주의 주로, 우주의 창조주이시며 통치자로 묘사했다. 그러나 만물 위에 높이 오르고 영화롭게 되어 다스리시는 그분의 모습은, 현실 세계나 심지어 성육신과 십자가에서 나타난 그분의 인성과는 동떨어져 보였다.

이와는 반대 극단의 신학적 견해로, 17세기와 18세기의 계몽주의 이신론자들이 자신들의 형상을 따라 구성해 낸, 신성이라고는 전혀 없고 완전히 인간적인 **상식 교사 예수**가 있다.[4] 가장 극적인 예는 1801-1809년 미국 대통령을 지낸 토머스 제퍼슨(Thomas Jefferson)의 작품이다. 그는 초자연적인 것은 이성과 양립할 수 없다고 거부하고, 손수 편집한 복음서들을 출판했다. 이 책에서 모든 기적과 신비는 조직적으로 제거되었다. 남은 것은 순전히 인간적인 도덕 교사에 대한 안내서였다.

20세기에는 광범위한 견해들이 제시되었다. 그중 뮤지컬을 통해 잘 알려진 두 모습이 있다. 먼저 〈가스펠〉(Godspell)의 **광대 예수**다. 광대 예수는 노래하고 춤추면서 시간을 보낸다. 그렇기에 예수님의 쾌활한 모습은 어느 정도 포착되지만, 예수님의 사명은 심각하게 고려되지 않는다. 이와 다소 비슷한 것이 〈지저스 크라이스트 슈퍼스타〉(Jesus Christ Superstar)다. 주인공은 미몽에서 깨어난 명사(名士)로서 한때는 자신이 누구인지 안다고 생각했지만 겟세마네에서는 더 이상 그것을 확신하지 못한다.

작고한 쿠바 대통령 피델 카스트로(Fidel Castro)는 종종 예수님을 '위대한 혁명가'라고 불렀으며, 돈 바꾸는 자들의 상을 뒤엎고 채찍으로 그들을 성전 밖으로 쫓아낸 것이 그분의 가장 특징적 행동인 양, 그분을 **자유의 투사 예수**로, 도시의 게릴라로, 검은 턱수염과 불타는 눈을 가진 1세기 체 게바라(Che Guevara)로 묘사하려는 시도는 그 외에도 많았다.

이런 다양한 묘사들은 그리스도를 현대의 유행에 맞게 새로운 모습으로 바꾸려는 경향이 되풀이되는 것을 보여 준다. 이는 사도 시대에 바울이 사람들에게 "우리가 전하지 아니한 예수"를 전파하는 거짓 교사들을 경고했을 때부터[5] 시작되었다. 이어지는 각 세대는 자기 나름의 이상과 열망을 가지고 예수님을 재해석하고 나름의 형상으로 그분을 창조해 내는 경향이 있다.

그들의 동기(현대적인 예수님의 모습을 그려 내겠다는 것)는 옳으나, 그 결과는 언제나 왜곡된다(그 묘사는 진정한 예수님의 모습이 아니므로). 우리가 마주한 도전은, 우리 세대에게 정확하면서도 호소력 있는 예수님의 모습을 제시하는 것이다.

이중 귀 기울임이라는 소명

예수님의 참모습을 저버리는 주된 이유는 현대의 동향에 너무 많이 신경 쓰고 하나님의 말씀에 너무 적게 신경 쓰기 때문이다. 적실성에 대한 갈망이 너무 집요해서 우리는 어떤 대가를 치르더라도 그것에 굴복해야 한다고 느낀다. 우리는 최신 유행에 노예가 되어, 현대성이라는 제단에 진리마저 제물로 바칠 준비가 되어 있다. 적실성을 추구하는 것은 인기에 대한 욕망으로 전락하고 만다. 부적실성의 반대 극단은 순응, 곧 원칙 없이 무기력하게 시대정신에 항복하는 것이다.

하나님의 백성은 그들에게 아주 적대적일 수도 있는 세상에 산다. 우리는 끊임없이 세상을 본받으라는 압력을 받는다.

그러나 감사하게도, 굳게 때로는 외로이 서서 타협을 거부한 몇몇 고귀한 사람들이 항상 있었다. 주전 6세기의 예레미야, 예수님 당시의 바울("모든 사람이 나를 버렸다"),[6] 4세기의 아타나시우스(Athanasius), 16세기의 루터(Luther)를 말하는 것이다.

오늘날 우리 역시 현대의 딜레마와 두려움과 좌절에 대해 말하면서도, 그 과정에서 성경의 복음을 타협하지 않겠다는 동일한 결심을 가지고 복음을 제시하려고 애써야 한다. 몇몇 걸림돌은 복음에 원래 내재되어 있어 복음을 더 받아들이기 쉽게 하기 위해 제거하거나 조절할 수 없다. 복음의 몇몇 특징은 현대인의 생각과 너무나 안 맞아서, 그것이 "참되고 온전한 말"[7]임을 알리려고 아무리 애서도, 항상 '어리석어' 보일 것이다. 십자가는 언제나 인간의 자기 의를 공격하고 인간의 방종에 도전할 것이다. 그 '수치'(걸림돌)는 절대로 제거될 수 없다. 교회는 세상과 구별할 수 없을 때가 아니라 그 둘을 구별하는 빛이 가장 밝게 빛날 때 참으로 진정한 메시지를 선포하게 된다.

하나님의 말씀을 다른 사람들에게 전하는 일에 열심을 내더라도, 우리는 반드시 말씀 자체에 신실해야 하며, 필요하다면 이를 위해 고난받을 준비도 해야 한다. 에스겔에게 주신 하나님의 말씀은 우리에게 격려가 된다. "그들을 두려워하지 말고…듣든지 아니 듣든지 너는 내 말로 고할지어다."[8] 우리는 유행을 좇도록 부름받은 것이 아니라 신실하고 적실하도록 부름받았다.

그렇다면 우리는 역사적이고 성경적인 기독교의 진리들로 형성되었으면서도 현대 사회의 실상을 완전히 꿰뚫는 '기독교 지성'을 어떻게 개발할 수 있을까? 먼저 이중 거부로부터 시작해야 한다. 하나님의 말씀에 열중한 나머지 세상을 직면하지 못할 만큼 말씀으로 **도피하는** 것과, 세상에 너무 몰두한 나머지 하나님의 말씀으로 세상을 판단하지 못할 만큼 세상에 **순응하는** 것 모두를 거부한다.

우리는 이런 이중 거부 대신, 이중 귀 기울임으로 부름받았다. 우리는 기대하는 마음으로 겸손하게, 때로는 거북하고 소화하기 어려운 말씀도 감당할 준비를 하고, 하나님의 말씀에 귀 기울여야 한다. 우리는 또한 주위 세상에도 귀를 기울여야 한다. 우리가 듣는 음성들은 날카롭고 귀에 거슬리는 항변의 형태를 띨 수도 있다. 괴로움에 처한 이들의 고뇌에 찬 부르짖음, 하나님과 불화하고 있는 사람들의 고통과 의심과 분노와 소외, 심지어 절망의 외침도 있을 것이다. 하나님의 말씀에 귀 기울일 때는 겸손히 순종하는 마음으로 이해하려고 애써야 한다. 그리고 우리가 이해한 것은 무엇이든 믿고 순종하기로 결심해야 한다. 세상에 귀 기울일 때는 정신을 바짝 차리고 비판적인 자세로 이해하려 애써야 한다. 그리고 그것을 믿거나 순종하지는 않지만, 세상의 처지에 공감하며 복음이 어떻게 세상과 관련되었는지를 발견하기 위해 은혜를 구해야 한다.

귀 기울이는 일은 누구에게나 어렵다. 하지만 그리스도인들은 다른 사람들보다 귀 기울이는 데 더 서툴지 않은가? 우리는 구약 욥기에 나오는 소위 '위로자'들에게서 배울 수 있다. 그들의 시작은 좋았다. 욥이 처한 어려움을 들은 그들은 자기 집을 떠나 욥을 방문했다. 그리고 욥의 고난이 얼마나 큰지 보고는 꼬박 일주일 동안 그에게 아무 말도 하지 않았다. 그들이 처음처럼 그렇게 계속 입을 다물고 있었다면 얼마나 좋았을까! 그러나 그들은 '모든 죄인은 자신의 죄 때문에 고난받는다'는 그들의 진부한 정설을 가장 둔감한 방식으로 욥 앞에 늘어놓았다. 그들은 욥의 말에 귀 기울이지 않았다. 분별없고 비정한 허튼소리들만 반복했을 뿐이다. 결국 하나님이 개입하셔서 그들이 하나님에 대해 바르게 말하지 않았다며 꾸짖으실 때까지 그랬다.

우리는 '이중 귀 기울임'(double-listening)을 개발해야 한다. 그것은 두 음성, 곧 성경을 통해 말씀하시는 하나님의 음성과 주위 사람들의 음성을 동시에 듣는 능력이다. 이 두 음성은 종종 서로 모순되지만, 우리는 둘 모두를 듣고 이 둘이 서로 어떻게 관련되는지 발견해야 한다. 이중 귀 기울임은 그리스도인의 제자도와 기독교 선교에서 필수 불가결하다.

'현대를 사는 그리스도인'이 되는 것은 이런 이중 귀 기울임을 훈련함으로써만 가능하다. 참되고도 새로운 좋은 소식을 전파하면서 하나님의 말씀을 세상에 적용하는 법을 배울 때, 우리는 '역사적'이라는 말과 '현대적'이라는 말을 결합시킨다.

간단히 말해서, 우리는 '그때'의 빛에 비추어 '지금'을 산다.

교회 | 서론

본질적으로 '사회적' 종교인 기독교를 '외톨이' 종교로 바꾸어 버리는 것은 기독교를 파괴하는 것이라고 한 존 웨슬리(John Wesley)의 말은 옳았다. 이것은 기독교가 개인 구원을 제공하고 사람들에게 개인적 제자도를 요청하는 것을 부인하는 게 아니다. 이는 교회가 하나님의 목적의 중심부에 놓여 있음을 확증하는 말이다. 그리스도는 "모든 불법에서 우리를 속량하시기" 위해서뿐 아니라, 또한 "우리를 깨끗하게 하사 선한 일을 열심히 하는 자기 백성이 되게"[1] 하시려고 우리를 위해 자신을 주셨다고 하셨다.

우리가 교회를 생각할 때 갖게 되는 문제는 이상과 현실 사이의 긴장이다. 이상은 아름답다. 교회는 하나님이 사랑하셔서 택하신 백성이며 그분의 특별한 보물이자 그분 자신을 영원히 주신 언약 공동체다. 교회는 지속적으로 하나님을 예배하고 세상에 사랑의 손길을 뻗치며, 사랑과 평화의 안식처이자 영원한 도성을 향해 가는 순례자들이다. 그러나 현실을 보면, 교회라고 주장하는 우리는 종종 다소 초라한 개인들의 잡다한 오합지졸이다. 어중간하게 교육받고 어중간하게 구원받았으며, 예배에서 영감을 얻지 못하고 끊임없이 서로 티격태격한다. 우리는 우리의 사명보다 스스로를 부양하는 일에 더 관심이 있고, 허우적대고 비틀거리며 나아가는, 구약 선지자들과 신약 사도들의 책망과 권고가 끊임없이 필요한 존재다.

이상과 현실의 이런 차이 때문에 사람들은 교회에 대해 매우 다른 견해를 갖고 있다. 한편으로 포사이스(P. T. Forsyth)는 "그리스도의 교회는 인간 역사상 가장 위대하고 가장 훌륭한 산물…우주에서 가장 위대한 것"[2]이라고 쓸 수 있었다. 다른 한편으로 토머스 아놀드(Thomas Arnold)는 이렇게 썼다. "오늘날과 같은 모습의 교회는 인간의 어떤 능력으로도 구원할 수 없다.…교회에 대해 생각할 때면 나는 주저앉아서 탄식하다가 죽어 버릴 것 같다."[3]

이 책에서 나의 목적은 하나님이 의도하신 교회의 모습이라는 이상에 초점을 맞추되, 현실에 유념하기를 멈추지 않으면서 우리에게 필요한 변화가 무엇인지 파악하도록 돕는 것이다. 처음 두 장은 상호 보완적이다. 1장에서는 교회에 대한 세상의 도전을 다루고, 2장에서는 세상에 대한 교회의 선교를 다루기 때문이다. 3장에서는 교회에 필요한 갱신이 예수님이 기도하신 것처럼 어떤 한 영역(예를 들어 교회의 연합이나 교회의 영성)만이 아니라 교회 생활의 모든 영역을 포함하는 것임을 확인할 것이다. 그리고 이런 목적을 위해 목회 사역을 하도록 안수받은 사람들은 우리를 향한 하나님의 목적에 따라 자신을 갱신해야 한다. 그것이 바로 4장의 주제다.

1
교회에 대한 세상의 도전

오늘날 교회에 가장 필요한 것 중 하나는 우리 주변의 세상을 민감하게 인식하는 것이다. 만일 우리가 예수 그리스도의 참된 종이라면 우리는 (그분이 하신 것처럼) 인간의 필요를 주의 깊게 지켜볼 것이며, 고뇌에 찬 부르짖음을 듣기 위해 귀를 기울일 것이다. 그리고 그분이 그러신 것처럼 사람들의 고통에 연민을 갖고 건설적으로 반응할 것이다.

이는 사람들이 말하듯 우리가 모든 측면에서 '세상에게 교회의 의제를 설정하게' 한다거나, 교회가 강아지처럼 세상의 발뒤꿈치를 졸졸 따라다닌다는 뜻이 아니다. 그렇게 행동하는 것은 섬김(이는 우리의 소명이다)을 굴종(이는 우리의 소명이 아니다)과 혼동하는 것이며, 민감함(이는 미덕이다)을 순응주의(이는 악덕이다)로 해석하는 것이다. 그렇다. 무엇보다도 우리는 우리를 보내신 하나님이 우리에게 선포하고 행하게 하신 것을 선포하고 행해야 한다. 우리는 세상에 아첨하지 않는다.

동시에, 우리가 세속 사회의 목소리들에 주의 깊게 귀 기울이고, 그것을 이해하려 애쓰며, 사람들이 느끼는 좌절과 분노, 당황함, 절망에 공감하지 않는다면 나사렛 예수의 제자로서 진정성이 결여될 것이다. 우리는 아무도 물어보지 않는 질문에 대답하고 아무도 가려워하지 않는 곳을 긁어 주며 수요가 없는 재화를 공급하는, 다시 말해 서론에서 살펴보기 시작한 것처럼 전적으로 부적실하게 되는 위험을 감수하게 될 것이다.

이 장에서는 세속의 현대인이 던지는 삼중의 질문을 살펴본다. 이는 사실 보편적인 인간의 열망을 반영한다. 그것은 예수님 자신이 사람들 가운데 불러일으키셨던 소망들이며, 그분만이 만족시킬 수 있고, 교회를 향해 세상에 그분을 충분히 제시하라고 도전하는 것이다.

초월성 추구

아주 최근까지 많은 사람들은 세속주의가 점차 사회에서 모든 종교적 감수성을 몰아낼 것이라고 생각했다. '초월성'이라는 말은 주로 신학을 배우는 기관들에서만 사용되어 온 다소 모호한 단어로 여겨졌다. 그러한 기관에서 학생들은 '초월'(이는 하나님이 창조된 세계의 위에 그리고 그 세계의 밖에 계신다는 의미다)과 '내재'(이는 하나님이 그 안에 계시며 그 안에서 활동하신다는 의미다)의 구분을 배운다. 그러나 사람들은 현대 문화에서도 초월에 대한 추구는 계속된다는 것을 점점 더 인식하고 있다. 이런 추구는 세속화에 대한, 즉 하나님을 우리 자신의 세상에서 제거해 버리려는 시도에 대한 일종의 반항이다. 인간은 '떡으로만 살' 수 없다. 물질주의는 인간의 영혼을 만족시켜 줄 수 없기 때문이다. 오늘날 세속주의를 환멸하고 초월성을 끈질기게 추구하는 몇 가지 예를 생각해 보자.

먼저 1980년대 말과 1990년대 초에 일어난 유럽 마르크스주의의 붕괴가 있었다. 마르크스주의는 원래 시대에 뒤처진 종교적 믿음의 대체물로 제시되었다. 그러나 그것으로 전향하는 사람은 극히 드물었다. 대성당 참사회원 트레버 비슨(Trever Beeson)이 1970년대의 동유럽에 관하여 썼듯이, "공산주의 기본 교리들은 지식인들과 무산 계급 사람들의 지성에 확신을 주지도 못했고, 마음에 만족을 주지도 못했다. 다른 한편 종교 생활은 놀라울 정도로 원기를 회복해서, 사라지기는커녕 대부분의 경우 새로운 활력과 힘을 발견했다."[1] 러시아 작가 알렉산드르 솔제니친(Aleksandr Solzhenitsyn)은 구소련 지도자들이 예상하지 못했던 것에 주의를 집중시켰다.

교회가 무너지고, 의기양양한 무신론이 한 세기의 3분의 2 동안 무한정 날뛰었던 곳, 성직자들이 엄청난 굴욕을 당하고 모든 독자성을 빼앗긴 곳, 남아 있는 교회 시설들을 오직 서방에 대한 선전 용도로 묵인하는 곳, 오늘날까지도 사람들이 자신의 신앙 때문에 강제 노동 수용소로 끌려가는 곳, 심지어 수용소 안에서도 부활절에 기도하러 모이는 사람들을 징계 감방으로 처넣는 곳에서—

그들[즉 소련의 지도자들]은 이런 공산주의의 강압적 억제에도 러시아에서 기독교 전통이 살아남으리라고는 생각하지 못했다! 하지만 그곳에는 수많은 신자가 남아 있다. 단지 외적인 압력 때문에 터놓고 말하지 못할 뿐이다.[2]

사람들이 환멸을 느낀 것으로 보이는 세속주의의 둘째 영역은 서구 물질주의의 **황량함**이다. 공산주의의 얼굴을 한 세속주의와 마찬가지로, 자본주의의 모습을 지닌 세속주의 역시 인간의 영혼을 만족시키지 못한다. 시어도어 로작(Theodore Roszak)은 자본주의의 공허함을 설득력 있게 주장한 미국의 대표적 인물이다. 그의 책 『불모의 땅이 끝나는 곳』의 의미심장한 부제는 "후기 산업 사회의 정치와 초월성"(*Politics and Transcendence in a Post-Industrial Society*)이다.[3] 그는 이른바 '세계의 코카콜라 식민지화'(coca-colonization in the world)에 대해 한탄한다.[4] 또한 우리가 "과학적 세계관 안에서 영혼의 폐소공포"를 겪고 있다고 썼다. 그렇기 때문에 인간의 영혼이 숨을 쉴 수 없다는 것이다.[5] 그는 과학(내 생각에 그가 의미한 것은 유사 과학이다)이 모든 것을 설명할 수 있다는 교만과 "폭로하기 좋아하는 마음"[6]과 "신비들을 파괴하는 것"에 대해 혹평한다. "왜냐하면 과학이 측정할 수 있는 것은 단지 인간이 알 수 있는 부분일 뿐이기 때문이다."[7] 그는 계속해서 이런 객관적 과학의 물질주의적 세계는 우리에게 "충분한 공간"을 주지 못한다고 말한다.[8] 초월성이 없다면 "인간은 오그라들어 버리고 만다."[9] 그의 처방[블레이크(Blake)의 '환상적 상상력'을 회복하는 것]은 너무나도 부적합하지만, 그의 진단은 적중했다. 인간은, 궁극적 실재란 시험관에 가두거나 서버 팜(수천 개의 컴퓨터 서버를 모아 놓은 시스템—옮긴이)의 데이터로 전락하거나 냉정한 과학적 초연함을 통해 파악할 수 없다는 것을 본능적으로 안다. 삶에는 또 다른 초월적 차원이 있으며 궁극적 실재는 "두려울 정도로 광대하기"[10] 때문이다.

셋째, 초월성을 추구하는 모습은 **마약 남용의 유행**에서 나타난다. 물론 거의 전 세계로 퍼진 이 현상에 대해서는 서로 다른 해석이 넘쳐난다. 부분적으로 그것은 순진한 실험적 시도이거나 제도적 관습에 대한 의식적인 반항, 심지어 인생의 가혹한 현실로부터 도피하려는 시도일 수 있다. 하지만 그것은 또한 '더 높은 의식'에 대한, 심지어 객관적인 초월적 실재에 대한 진정한 추구일 수도 있다. 예를 들어 카를로스 카스타네다(Carlos Castaneda)는 자신이 어떻게 마약을 사용해서 모종의 '점'(占)을 치고, 다른 육체를 취하고 물체 속으로 혹은 물체를 뚫고 움직이면서 몸이 날거나 사라졌는지 말한다. 분명 모든 마약 사용자들이 그런 독특한 길을 추구하는 것은 아니지만, 많은 이들은 일상의 권태를 탈출하려고 한다.[11]

초월성을 추구하는 넷째 예는 **사교**(邪敎)**의 확산**이다. 고대 신앙의 부활과 더불어 새로운 종교들이 출현해 왔다. 미국의 임상 심리학자인 마가렛 싱어(Margaret Singer) 교수는 미국에서만 200만 명의 사람이 약 5,000개의 사교에 관여하고 있다고 추산한다.[12] 「이코노미스트」(*The Economist*)는 사설에서 "새로운 형태의 영적 체험을 위한 암중모색이 시작되었다"라고 경고하며 이렇게 덧붙였다. "그처럼 하나님을 추구하다 오히려 사탄의 손아귀에 빠지기가 너무나도 쉽다."[13] 사회학자인 피터 버거(Peter Berger)도 이와 비슷한 설명을 내놨다. "현재 유행하고 있는 사교 물결(그것의 마귀적 요소를 포함해서)은 현대인의 의식 속에서 초월성을 억압한 결과 일어난 것으로 이해해야 한다."[14]

최근의 종교적 동향에서 가장 두드러진 것은 뉴에이지 운동의 발흥이다. 여기에는 다양한 신조들, 종교와 과학, 물리학과 형이상학, 고대의 범신론과 진화론적 낙관론, 점성학, 강신술, 환생, 생태학과 대체 의학 등이 기교하게 구색을 갖추고 있다. 그 운동의 지도자 중 하나인 데이비드 스팽글러(David Spangler)는 『출현: 신성한 것의 환생』에서 자신이 "매우 이른 나이부터" 주위에 있는 "또 하나의 차원에 대해 인식해 왔는데" 좀더 나이가 들자 그것을 "신성한 또는 초월적인 차원"이라고 규정하게 되었다고 쓴다. 그는 "신성한 것에 대한 의식의 환생이 뉴에이지의 핵심이다"라고 덧붙인다.[15]

그렇다면 지금까지 이야기한 것들은 물질주의가 인간의 영혼을 만족시켜 주지 못하며, 그 결과 사람들이 또 다른 초월적 실재를 추구하고 있음을 보여 주는 네 가지 현대적 증거다. 사람들은 도처에서 요가를 통해, 초월 명상과 동방의 종교를 통해, [맬컴 머거리지(Malcolm Muggeridge)가 '물질주의의 신비'라고 부르던] 성(性)을 통해, 음악과 다른 예술을 통해, 마약에 취한 기분 좋은 상태를 통해, 현대의 사교들과 뉴에이지 이론들, 공상 과학 소설의 환상들과 온라인 게임 및 가상 현실의 몰입형 체험을 통해 초월적인 것을 추구한다.

그리스도인들이 이런 복합적인 현상에 즉각적으로 보여야 할 반응은 공감이다. 우리는 어떤 일이 일어나고 있으며, 왜 그런 일이 일어나고 있는지 분명히 알기 때문이다. 아테네의 철학자들 앞에서 사도 바울이 한 말을 빌리자면, 사람들은 어둠 속에서 헤매는 눈먼 사람처럼, 그분 안에서 안식을 발견하기까지 안식할 수 없도록 하신[16] 그들의 창조주 "하나님을 더듬어 찾고" 있다. 그들은 인간이 초월성을 추구한다는 것을 드러내고 있다.

이처럼 초월성을 추구하는 현상은 교회의 공적 예배의 질에 대한 도전이다. 교회의 예배는 사람들이 갈망하는 것—신비적 요소, 거룩의 감각, 성경 용어로는 '하나님을 경외함', 현대 용어로는 '초월성'—을 제공하고 있는가? 나의 대답은, '자주는 아니다.' 교회가 항상 심오한 예배로 사람들의 눈을 끄는 것은 아니다. 특히 '복음주의자'를 자처하는 우리 자신은 어떻게 예배해야 하는지 잘 모른다. 복음 전도는 우리 전공이지만, 예배는 그렇지 않다. 우리는 전능하신 하나님의 위대하심과 영광을 거의 느끼지 못하는 것처럼 보인다. 우리는 경외와 경이로 그분 앞에 엎드려 경배하지 않는다. 우리는 건방지고 경솔하며 교만한 경향이 있다. 우리는 예배를 준비하기 위해 별로 애쓰지 않는다. 때때로 예배는 되는 대로이고, 기계적이고, 겉치레로 흐르며, 따분하다. 또 때로는 불경하다고 해도 지나치지 않을 만큼 방정맞다. 궁극적 실재를 찾는 사람들이 종종 우리를 그냥 지나치는 것도 의아한 일이 아니다!

우리는 종교에 대한 성경의 비판에 다시 귀 기울일 필요가 있다. 어떤 책도, 심지어 마르크스와 그의 추종자들이 쓴 것도, 공허한 종교를 성경만큼 심하게 혹평하지는 않는다. 주전 8세기와 7세기의 선지자들은 이스라엘 사람들이 드리는 예배의 형식주의와 위선을 거리낌 없이, 공공연하게 공격했다. 그리고 예수님은 그들의 비판을 당대의 바리새인들에게 적용했다. "이 백성이…입술로는 나를 공경하나 그 마음은 내게서 떠났나니."[17] 그리고 구약 선지자들과 예수님의 이 고발은 슬프게도 오늘날 우리와 우리 교회들에도 적용될 수 있다. 우리의 예배 중 너무나 많은 부분이 알맹이 없는 의식이고, 능력 없는 형식이며, 경외 없는 재미, 하나님 없는 종교다.

그렇다면 무엇이 필요할까? 몇 가지 제안을 하겠다. 먼저 우리는 하나님의 말씀 안에서 그분의 살아 있는 음성이 울리도록, 자기 백성을 향한 그분의 말씀을 들을 수 있도록 하나님의 말씀을 신실하게 읽고 설교해야 한다. 둘째, 우리는 성찬용 빵과 포도주가 아니라 그분의 백성과 식탁 가운데 예수 그리스도께서 진정으로 임재하시도록(나는 신중하게 단어들을 선택하고 있다) 경외감과 기대감을 가지고 성만찬을 집행할 필요가 있다. 성만찬에서는 객관적으로 그리고 실제로 임재하시는 예수 그리스도를 감각할 수 있어야 한다. 떡을 떼는 것을 통해 우리에게 자신을 알려 주시려고 우리를 만나러 오시는 그분은, 우리가 믿음으로 그분을 먹고 살 수 있도록 우리에게 자신을 주고 싶어 하신다. 셋째, 우리는 하나님의 백성이 야곱과 더불어 "여호와께서 과연 여기 계시거늘 내가 알지 못하였도다"[18]라고 말하고, 그곳에 있는 불신자들이 "하나님이 참으로 너희 가운데 계시다"[19]라고 외치면서 엎드려 하나님을 경배할 만큼 진지한 찬양과 기도를 드려야 한다.

요약하면, 초월성을 추구하는 오늘날의 사람들이 교회의 예배에서 참된 초월성을 항상 경험하고 살아 계신 하나님과의 친밀한 만남을 누리는 대신, 마약, 성, 사교, 신비주의, 뉴에이지, 공상 과학 소설 등에 의지하는 것은 엄청난 비극이다.

의미 추구

현대 세계에는 초월성에 대한 감각을 억누를 뿐 아니라, 개개인의 존재 가치에 대한 감각, 즉 인생에 어떤 의미가 있다는 믿음을 훼손시키는 것이 많다.

첫째, **과학 기술의 영향**이 있다. 물론 과학 기술은 사람들을 가정과 산업 현장의 단조롭고 고된 일에서 자유롭게 한다는 점에서 사람들에게 해방을 가져다줄 수 있다. 하지만 그것은 사람들을 엄청나게 비인간화할 수도 있다. 사람들은 자신이 더 이상 인격이 아니라 하나의 물건이라고 느끼고 자신의 삶은 생명 없는 컴퓨터에 의해 처리되며 그들의 개성은 데이터 묶음으로 환원되었다고 느낀다.

둘째, **과학적 환원주의**가 있다. 일부 과학자들은 인간이 동물[데즈먼드 모리스(Desmond Morris) 박사가 '털 없는 원숭이'라고 부른]에 불과하거나, 아니면 외부의 자극에 자동으로 반응하도록 프로그램되어 있는 DNA 염기 서열에 불과하다고 주장한다. 이런 진술들로 인해 도널드 맥케이(Donald MacKay) 교수는 '환원주의'의 의미를 설명하면서 '불과주의'(nothing buttery, 인간이 '…에 불과'하다는 생각—옮긴이)라는 표현을 대중화하였고, 또한 인간을 완전한 인격 이하로 끌어내리려는 이런 경향에 저항하게 만들었다.

분명 우리의 뇌는 고도로 복잡한 기계다. 그리고 우리 몸의 해부학적 구조는 동물과 같다. 하지만 그것이 우리의 인간됨을 완전히 설명해 주지는 못한다. 우리에게는 육체와 뇌 이상의 것이 있다.

셋째, 실존주의는 의미에 대한 인간의 감각을 약화시킨다. 급진적 실존주의자는 무신론을 진지하게 받아들이고 그것의 무시무시한 결과에 직면하기로 결심한다는 점에서 다른 인본주의자들과 다르다. (그들의 견해에 따르면) 신은 죽었기 때문에 다른 모든 것들도 그와 함께 죽었다. 신이 없기 때문에 이제 가치관이나 이상도 없으며, 도덕적 법칙이나 기준도, 목적이나 의미도 없다—개인들이 살아가면서 스스로 창출하는 것들을 제외하고는. 존재할 용기를 찾으려는 나의 결단을 제외하면 나의 실존에 어떤 의미를 부여하는 것은 아무것도 없다. 의미는 오직 나 자신의 무의미함을 멸시하는 데에서만 발견할 수 있다. 나 자신을 진정으로 확인할 길은 전혀 없다.

이런 철학은 매서울 정도로 영웅적으로 들릴지 모르지만, 자신이 아무런 의미 없는 존재임을 알면서도 술수를 써서 의미 있는 존재인 척할 수 있는 사람은 거의 없을 것이다. 의미는 생존의 기본적인 요소이기 때문이다. 빅토르 프랑클(Viktor Frankl)은 그것을 아우슈비츠 강제 수용소에서 발견했다. 그는 살아날 가능성이 가장 많은 사람들은 "자신이 성취해야 할 임무가 기다리고 있음을 안 사람들"이라는 사실을 발견했다.[20] 후에 그는 오스트리아 빈 대학교의 신경 정신과 교수가 되었으며 이른바 '비엔나 정신 요법 제3 학파'를 창시했다. 그는 프로이트의 '쾌락에 대한 의지'와 아들러(Adler)의 '권력에 대한 의지'에 덧붙여서, 인간은 '의미에 대한 의지'를 갖고 있다고 주장했다. 실제로 "자신의 삶에서 의미를 추구하는 것은 사람에게 일차적으로 동기를 유발하는 힘"이다.[21] 그는 "현 시대의 집단적 노이로제"는 "실존적 진공 상태"[22] 곧 인생이 의미 있다는 감각의 상실이라고 썼다. 그는 자신의 환자들에게 때로 이렇게 묻곤 했다. "왜 자살을 하지 않으시죠?"(의사가 환자에게 하는 질문치고는 이상한 질문이다!) 그들은 자기 삶을 가치 있게 만들어 준 어떤 것(아마도 그들의 일이나 결혼 혹은 가정)이 있다고 대답하곤 한다. 그러면 프랑클 교수는 이를 기초로 치료를 해 나가곤 했다.

무의미함은 지루함, 알코올 중독, 비행, 자살 등으로 이끌 수 있다. 아서 쾨슬러(Arthur Koestler)는 빅토르 프랑클의 이론을 논평하면서 다음과 같이 썼다.

> 사람들에게는 의미를 성취하고 가치를 실현하려는 타고난 경향이 있다…수많은 젊은 학생들이…가치 기준의 존재를 부인하는…가르

침을 주입받고 있다. 그 결과는 범세계적 현상으로 나타나고 있다. 점점 더 많은 환자들이 내적 공허함, 전적이고 궁극적인 삶의 무의미함을 호소하면서 우리 상담소에 몰려들고 있는 것이다.[23]

에밀 뒤르켐(Emile Durkheim)이 쓴 자살에 대한 고전적 연구서에 나오는 말에 따르면, 가장 많은 수의 자살은 '무규범' 또는 '무의미'로 인한 것으로, 삶에 아무런 목표가 없거나 도달할 수 없는 목표를 추구하고 있을 때 일어난다. "자신의 필요와 자신의 수단이 충분히 균형 잡혀 있지 않으면 어떤 사람도 행복할 수 없고 심지어 존재할 수도 없다."[24]

초월을 추구하는 것이 교회 예배의 질에 대한 도전이라면, 의미를 추구하는 것은 교회 가르침의 질에 대한 도전이다. 수많은 사람들이 자신이 누구인지, 어떤 의미나 가치를 지녔는지 모르고 있다. 그래서 그들에게 그들이 누구인지 말해 주고, 그들의 정체성에 대해 그들을 깨우쳐 줘야 하는 긴급한 도전이 있다. 우리는 우리 인간에 대한 성경의 온전한 교리—인간의 부패성, 그러나 또한 인간의 존엄성—를 타협하지 않고 가르쳐야 한다.

그리스도인들은 인간이 본질적인 가치를 지녔다고 믿는다. 그것은 창조와 구속 교리 때문이다. 하나님은 자신의 형상을 따라 인류를 만드셨으며, 우리에게 땅과 그 안의 피조물들을 돌볼 책임을 주셨다. 그분은 우리에게 이성적·도덕적·사회적·창조적·영적 기능을 주셨는데 이는 우리를 그분과 닮게 만들고 동물과는 같지 않게 만든다. 인간은 하나님의 형상을 따라 지음 받은 존재다.

타락의 결과 우리 안에 있는 하나님의 형상이 뒤틀렸지만 완전히 파괴된 것은 아니다. 더구나 "하나님이 세상을 이처럼 사랑하사" 우리의 구속을 위해 독생자를 주셨다. 십자가는 하나님이 우리에게 부여하신 가치를 증명하는 최고의 공적 증거다.

인간의 존엄성과 가치에 대한 기독교의 가르침은 오늘날 매우 중요하다. 우리 자신의 자아상과 자존감을 위해서만이 아니라, 사회 전체의 복지를 위해서도 그러하다.

인간이 평가절하되면 사회의 모든 것이 잘못된다. 여자가 굴욕을 당하고, 어린이가 무시당한다. 병자는 귀찮은 존재로, 노인은 짐으로 여겨진다. 소수 민족은 차별을 받는다. 가난한 사람은 억압을 받고 사회정의는 부인된다. 자본주의는 가장 추한 모습을 드러낸다. 광산과 공장에서는 노동 착취가 이루어진다. 죄수는 감옥에서 잔인한 취급을 받는다. 반대 의견은 억압당한다. 극우파는 벨젠(Belsen)과 같은 강제 수용소를, 극좌파는 굴락(Gulag)과 같은 강제 노동 수용소를 만든다. 믿지 않는 이들은 잃어버린 바 된 상태 그대로 살다가 죽도록 내버려진다. 자유도, 존엄도, 마음 편한 즐거움도 없다. 인생은 살 만한 가치가 없는 듯 보인다. 인생이 더 이상 인간적이지 않기 때문이다.

하지만 인간이 그 본원적 가치로 인해 인격적 존재로 평가되면, 모든 것이 변화된다. 남자와 여자, 어린이가 모두 존중받는다. 병든 자는 돌봄을 받고, 노인은 존엄하게 살다가 죽을 수 있다. 의견을 달리하는 사람들의 말에도 귀를 기울이고, 죄수는 사회로 복귀하며, 소수 집단은 보호를 받고, 억압받는 사람은 해방된다. 노동자는 정당한 임금과 좋은 근로 조건을 제공받고, 기업의 경영과 이익 모두에 어느 정도 참여할 수 있다. 그리고 복음이 땅끝까지 전해진다. 왜인가? 사람들이 중요하기 때문이다. 모든 남자, 여자, 어린이는 하나님의 형상과 모양을 따라 만들어진 인간으로서 가치와 의미를 지니기 때문이다.

공동체 추구

초월성과 의미를 파괴하는 현대 기술주의 사회는 공동체도 파괴한다. 우리는 사회가 붕괴되는 시대에 살고 있다. 사람들은 서로 관계 맺는 게 점점 더 어렵다는 것을 발견한다. 그렇지만 우리는 쉽게 찾을 수 없는 바로 그것—사랑 없는 세계에서의 사랑—을 계속해서 추구한다. 매우 다른 세 사람을 통해 그것을 입증해 보고자 한다.

첫째는 테레사 수녀(Mother Teresa)다. 그녀는 마케도니아 공화국 수도인 스코페에서 태어나, 겨우 열일곱 살에 인도를 향해 떠났다. 그다음에 약 20년간 교사 생활을 한 후, 캘커타의 가장 가난한 자들을 섬기기 시작했다. 같은 해(1948년) 그녀는 인도 시민이 되었으며, 2년 후 자신의 수도회인 '사랑의 선교회'(Missionaries of Charity)를 창설했다. 그래서 인도는 60년 이상 그녀의 고향이었다. 다음은 그녀가 서구에 대해 쓴 것이다.

> 오늘날 사람들은 사랑, 이해심 있는 사랑에 굶주려 있다. 그것은…

외로움과 극심한 빈곤에 대한 유일한 대답이다. 때문에 우리[즉 그녀의 수도회에 속한 형제자매들]는 영국이나 미국, 호주 같은 곳에 갈 수 있는 것이다. 그곳에 빵에 대한 굶주림은 없다. 하지만 거기에 있는 사람들은 자신이 쓸모없고 무력하며 절망적이라고 느끼면서 무서운 고독과 무서운 절망, 무서운 증오에 시달리고 있다. 그들은 웃는 법을 잊어버렸으며 인간미 넘치는 접촉의 아름다움을 잊어버리고 있다. 그들은 인간의 사랑이 무엇인지 잊어버리고 있다. 그들에게는 자신을 이해하고 존중해 줄 누군가가 필요하다.[25]

나는 서구 사회에 대한 그녀의 평가를 처음 읽었을 때, 약간 분개하며 그것이 과장되었다고 생각했던 것을 기억한다. 하지만 이후 나의 마음은 변했다. 나는 그것이 적어도 일반론으로서 정확하다고 생각한다.

두 번째 증인은 뛰어난 수학자이고 철학자이며 강경한 무신론자인 버트런드 러셀이다. 그는 자서전의 서문에서 감동적일 만큼 허심탄회하게 다음과 같이 썼다.

단순하지만 압도적으로 강렬한 세 가지 열정이 나의 삶을 지배해 왔다. 그것은 사랑을 향한 열망, 지식에 대한 추구, 인류의 고난에 대한 참을 수 없는 연민이다. 이 열정들은 마치 큰 바람처럼 일정치 않은 방향으로 나를 이리저리 끌고 다니다가, 마침내 깊은 고뇌의 대양을 건너, 절망의 경계선까지 이끌고 갔다. 내가 사랑을 추구한 이유는, 먼저 사랑이 황홀경을 선사하기 때문이다.… 그다음으로 내가 사랑을 추구한 이유는, 사랑이 고독—그 안에서 우리의 의식이 떨면서 세상의 표면 너머로 차갑고 깊이를 알 수 없는 생명 없는 심연을 바라보는 그 무서운 고독—을 덜어 주기 때문이다.[26]

셋째 증인은 우디 앨런이다. 대부분의 사람들은 그를 희극배우로 생각하지만(그는 겨우 고등학생이었을 때 신문에 재담을 기고하여 돈을 벌었다), "그 광대의 내부에는 비극 배우가 있다."[27] 저술가와 감독과 배우로서 그의 재능은 갈채를 받았지만, 그는 결코 자기 자신이나 다른 어떤 사람도 발견하지 못한 것 같기 때문이다. 그는 성관계를 "한 이불 밑에 있는 두 정신질환자"라고 묘사한다. 그는 영화 〈맨하탄〉(*Manhattan*, 1979)에서 사람은 "비둘기나 가톨릭 신자들처럼 평생 한 사람과만 살아야" 한다고 생각한다고 말하지만 그 자신은 그러한 원칙을 따를 수 없는 듯하다. 그는 자신의 모든 영화가 "모든 어려움 중에 가장 어려운 것인 사랑의 관계들을 다루고 있다"고 고백한다. "모든 사람이 그것을 마주한다. 사람들은 사랑을 하고 있거나, 사랑에 빠지려 하고 있거나, 사랑에서 벗어나는 중에 있거나, 사랑을 찾고 있거나, 그것을 피하는 중에 있다."[28] 그의 전기 작가는 다음과 같은 말로 그에 대한 묘사를 끝맺고 있다. "그는 우리가 확실히 애쓰고 있는 것처럼 사랑에 기초를 둔 삶을 건설할 힘을 발견하기 위해 분투하고 있다. 〈한나와 그 자매들〉(*Hannah and Her Sisters*)에 나오는 등장인물들의 말은 옳다. '아마 시인들의 말이 맞을 거야. 아마 사랑이 유일한 해답일

거야.'"²⁹

앞에서 말한 세 사람은 서로 매우 다른 배경, 믿음, 기질, 경험을 가지고 있지만, 그럼에도 불구하고 사랑이 최고로 중요하다는 데 서로 의견이 일치한다. 그들은 인류를 대변하고 있다. 우리는 사랑이 우리의 인간됨에 필수 불가결하다는 것을 본능적으로 안다. 사랑은 삶의 모든 것이다.

그래서 사람들은 도처에서 사랑을 찾고 있다. 어떤 이들은 서구의 개인주의를 박차고 나와 공동체적 생활 양식을 실험한다. 또 다른 이들은 자유와 사랑의 자발성을 발견하려는 시도로 오랫동안 내려온 결혼과 가족이라는 제도를 거부한다(그리스도인들은 이 시도가 헛되고 어리석다고 믿는다). 모든 사람이 진정한 공동체와 참된 사랑의 관계를 추구하고 있다. 앤드루 로이드 웨버(Andrew Lloyd Webber)의 뮤지컬 〈사랑의 이모저모〉(*Aspects of Love*)에 나오는 '사랑, 사랑은 모든 것을 변화시켜요'라는 잘 알려진 노래 가사가 그것을 말해 준다.

그렇다면 세상의 세 번째 도전은 교회의 교제의 질과 관련되어 있다. 우리는 하나님이 사랑이시며 예수 그리스도가 진정한 공동체를 선물로 주신다고 선포한다. 우리는 교회가 복음의 일부라고 주장한다. 우리는 하나님의 목적이 단지 고립된 개인들을 구원해 그들의 외로움이 영원히 계속되도록 하는 것이 아니라, 교회를 세워서 인종적·민족적·사회적·성적 장벽이 폐지된 새로운 사회, 심지어 새로운 인류를 만들어 내는 것이라고 말한다. 더구나 이 예수님의 공동체는 감히 세상의 가치관과 기준들을 무색

하게 하는 참된 새로운 사회로서 제시된다.

그것은 어마어마한 주장이다. 그러나 비극은 교회가 자기 이상에 따라 사는 데서 계속 실패해 왔다는 것이다. 자신의 소명에 대한 교회의 신학적 이해는 나무랄 데 없다. 그러나 비교적으로 말해서, 우리 가운데는 용납도 거의 없고 돌봄도 거의 없으며 지지해 주는 사랑도 거의 없다. 공동체를 추구하는 사람들이 우리의 교회로 쏟아져 들어와야 하건만, 그러는 대신 사람들은 교회에서는 사랑을 발견할 수 없으리라고 확신해서 교회에 갈 생각조차 하지 않는다.

그러나 현대 교회를 전적으로 부정적으로만 평가하는 것은 부당할 것이다. 우리는 세계 곳곳에서 희생적으로 섬기고 지지해 주는 진정한 사랑이 있는 기독교 공동체를 발견할 수 있기 때문이다. 그러한 기독교적 사랑이 번성하는 곳은 거의 불가항력적으로 사람을 끄는 힘을 가지고 있다. 스티븐 닐(Stephen Neill) 주교는 그것을 잘 표현했다.

> 예수 그리스도에 대한 개인적 충성으로 한데 결합되어 있는 사람들의 교제권 안에서는 어느 곳에서도 볼 수 없는 친밀하고 강도 높은 사랑의 관계가 유지되고 있다. 나사렛 예수의 친구들의 우정은 다른 어떤 우정과도 다르다. 이것은 기독교 공동체 안의 정상적인 경험이 되어야 한다.…현존하는 기독교 회중들 가운데 그것이 너무나 드물다는 것은 교회가 전반적으로 교회의 설립자이신 그리스도의 목적에 따라 제대로 살고 있지 못하다는 것을 나타내는

척도다. 사랑을 체험할 수 있는 곳—특히 인종적·국가적·언어적 장벽을 넘어서—에서는 그것이 사람들 가운데 계속 활동하시는 예수님에 대한 가장 설득력 있는 증거 가운데 하나다.[30]

이상이 인간의 삼중 추구다. 그들은 스스로 분명하게 말하지 않을지도 모르지만, 우리는 그들이 초월성을 추구하면서 하나님을 발견하려 애쓰고 있으며, 의미를 추구하면서 스스로를 발견하려 애쓰고 있고, 공동체를 추구하면서 자신의 이웃을 발견하려고 애쓰고 있다고 말할 수 있을 것이다. 이것은 하나님과 우리의 이웃과 우리 자신에 대한 인류의 보편적인 추구다.

더욱이, 구하는 자는—그리스도와 그분의 새로운 사회 안에서—얻으리라는 것이 그리스도인의 주장이다(담대한 주장이라는 것을 알지만 겸손한 주장이기를 바란다). 현대의 세속적 추구들은 내게는 가장 큰 도전들이자 기회들처럼 보인다. 즉 사람들은 예수 그리스도가 제공하시는 바로 그것들을 공공연하게 찾고 있는 것이다!

단 한 가지 문제는 교회가 성령과 하나님의 말씀으로 철저히 새롭게 되어 예배를 통해 초월의 경험을 제공하고, 가르침을 통해 의미를, 교제를 통해 공동체를 제공할 수 있는지 여부다. 만일 그럴 수 있다면 사람들은 자신이 추구하는 것을 얻고자 교회를 열심히 의지할 것이며, 우리의 복음 선포는 신뢰성을 띨 것이다.

팀 체스터의 성찰 질문

1. 당신 주변의 사람들이 느끼는 소망, 두려움, 좌절 들은 무엇인가?
2. 이 소망과 두려움 들은 어떻게 그리스도와 그분의 백성 안에서 충족되는가?
3. 우리의 문화에는 초월을 바라는 어떤 표시가 있는가?
4. 초월의 감각이 우리 교회들의 예배의 특징이라는 것을 어떻게 확신할 수 있는가?
5. 당신 주변의 사람들은 어디에서 의미를 찾는가? 복음은 의미를 찾으려는 이런 시도들을 어떻게 확증하거나, 완성하거나, 도전하는가?
6. 당신의 교회나 소그룹이 자석처럼 끌리는 사랑의 공동체가 되기 위해 어떤 실제적 단계들을 취할 수 있을까?

2

지역 교회를 통한 복음 전도[1]

"만일 어떤 사람이 자신의 신앙을 공개적으로 고백하지 않고 앞으로 닥칠 위험을 두려워하여 자신을 숨기고 얼굴을 붉히는 벙어리 그리스도인이라면, 사람들이 그에 대해 성령의 은혜가 없는 사람이 아닌지 의심하는 것은 정당하고도 양심에 거리낄 것이 없는 일이다. 왜냐하면 그의 혀는 묶여 있고 그는 아무 말도 하지 않기 때문이다." 다시 말해 자신의 신앙을 결코 나누지 않는 그리스도인은 참된 그리스도인이라고 보기 어렵다. 영국 사람들에게 새롭게 개혁된 교회의 신앙을 소개하기 위해 교회에서 소리 내어 읽도록 했던 1571년 설교 모음집 『제2설교서』(*Second Book of Homilies*)에서는 그렇게 말한다.

다양한 형태의 복음 전도

복음 전도는 다양한 형태를 띨 수 있다. 예수님이 야곱의 우물가에서 사마리아 여인에게 생수를 제시하시고,[2] 빌립이 에티오피아인에게 그의 병거 안에서 예수님의 복음을 전한 이래,[3] 개인 전도는 흠잡을 데 없는 성경의 선례들을 가지고 있다. 기회가 주어졌을 때 겸손한 마음으로 예수님을 알지 못하는 친척과 친구, 이웃, 동료에게 그리스도를 전하는 것은 여전히 우리의 의무다.

대규모 복음 전도(한 명의 복음 전도자가 대중에게 설교하는 것) 역시 오랜 세월 동안 하나님의 복을 받아 왔다. 예수님 자신이 갈릴리의 무리에게 하나님 나라의 좋은 소식을 선포하셨다. 사도 바울도 루스드라의 이교도에게,[4] 아테네의 철학자들에게[5] 그렇게 했으며, 18세기 영국과 미국에서 웨슬리와 휫필드(Whitefield)도 그렇게 했다. 여러 나라의 재능 있는 복음 전도자들이 오늘날에도 여전히 대규모의 군중에게 효과적으로 복음을 전하고 있다. 비록 그들의 사역이 교회와 그리스도인들의 협력에 의존한다는 것은 알고 있더라도 말이다. 그리고 전 세계 도처의 성직자와 평신도들이 자신의 회중 가운데 복음을 들어야 하는 비그리스도인과 명목상의 그리스도인이 더러 있음을 유념하며 진지하게 설교 사역에 임하고 있다.

그렇지만 오늘날 복음을 보급하는 데 가장 정상적이고 자연스러우며 생산적인 방법은, 크게 두 가지 이유에서, 지역 교회 복음 전도라고 할 수 있다.

첫째, 성경에서 나온 논증이 있다. 사도 베드로에 따르면 교회는 하나님께 신령한 제사(이는 예배다)를 드릴 "왕 같은 제사장"이며, 또한 하나님의 아름다운 덕을 선전(이는 증거다)하는 "거룩한 나라"다.[6] 더구나 우주적 교회의 이런 책임은 각각의 지역 교회에 맡겨져 있다. 하나님은 모든 기독교 회중을 예배하고 증거하는 공동체로 부르셨다. 실로 이 두 가지 의무는 필연적으로 서로를 포함한다. 만일 우리가 하나님을 진정으로 예배한다면, 다른 사람들도 그분을 예배하도록 그들에게 그분을 알리지 않을 수 없다는 것을 깨달을 것이다. 따라서 예배는 우리를 증거로 이끌며 증거는 다시 예배로 이끄는 과정이 영원히 계속된다.

데살로니가 교인들은 지역 교회 복음 전도의 좋은 예를 보여준다. 바울은 그들에게 보내는 첫 번째 편지에서 이런 놀라운 연쇄 작용을 언급한다. "우리 복음이 너희에게 말로만 이른 것이 아니라…너희는…말씀을 받아…주의 말씀이 너희에게로부터…퍼졌으므로."[7] 이렇게 지역 교회는 수신한 진동을 반사하고 증폭시키는 공명판, 또는 먼저 메시지를 수신해서 그것을 전달하는 통신 위성과 같은 존재가 된다. 복음을 받은 모든 교회는 복음을 전달해야만 한다. 그것이 여전히 하나님의 주된 복음 전도 방법이다. 모든 교회가 이 위임령에 신실했다면 세계는 오래전에 복음화되었을 것이다.

둘째, 전략적인 논증이 있다. 각각의 지역 교회는 특정한 지역에 자리 잡고 있다. 그러므로 교회는 일차적으로 그 주위에 살고 있는 사람들을 대상으로 선교할 책임이 있다. 그 회중은 그 지역에 복음을 전하기 위해 전략적으로 그곳에 자리 잡게 된 것이다. 우리가 마음대로 사용할 수 있는 이 풍부한 설비와 인력을 모든 정당이 부러워할 것이다. 많은 나라에서 교회들은 전국에 복음을 널리 퍼뜨리기 위한 풍부한 자원을 갖고 있다.

이처럼 성경 신학과 실제적 전략 두 가지 면에서 볼 때 지역 교회는 가장 중요한 복음 전도 기관이다.

하지만 지역 교회가 하나님이 명하신 역할을 수행하려면, 먼저 네 가지 조건을 갖추어야 한다. 그것은 자신을 **이해해야** 하고(교회의 신학), 자신을 **조직화해야** 하며(교회의 구조), 자신을 **표현해야** 하고(교회의 메시지), 자신이 **되어야** 한다(교회의 생활).

교회는 자신을 이해해야 한다

교회의 신학

많은 교회가 그릇된 자아상을 가지고 있기 때문에 병에 걸려 있다. 그들은 자신이 누구인지(정체성), 그들이 무엇이 되도록 부름 받았는지(소명) 파악하지 못했다. 정확한 자아상을 갖는 것이 정신 건강에 중요하다는 것은 우리 모두 알고 있다. 이것은 개인뿐 아니라 교회에도 해당된다.

오늘날 교회에 널리 퍼져 있는 그릇된 자아상이 적어도 두 가지 있다. 첫 번째 그릇된 자아상은 종교 클럽(혹은 내향적 기독교)이다. 이 견해에 따르면 지역 교회는 지역의 골프 클럽과 다소 비슷하다. 그 회원들의 공동 관심사가 골프가 아니라 하나님이라는 것만 다를 뿐이다. 그들은 스스로를 종교적인 활동을 함께 즐기는 종교적인 사람들로 본다. 그들은 회비를 내면 어떤 특권을 누릴 자격이 자신에게 생긴다고 간주한다. 사실상 그들은 클럽 회원이 되어 갖는 지위와 유익에만 관심이 있다. 그들은 윌리엄 템플(William Temple) 주교가 말한 대로 "교회는 세상에서 유일하게 비회원들의 유익을 위해 존재하는 협동조합"이라는 사실을 잊어버렸거나 전혀 모르고 있다. 그 대신 그들은 살 속으로 파고드는 발톱처럼 완전히 내향적이다. 템플 주교의 말에 약간의 과장이 있는 것은 분명하다. 교회 회원들은 신약에서 "서로"라는 말로 시작하는 많은 구절("서로 사랑하라" "서로 격려하라" "서로의 짐을 지라" 등)이 나타내는 것처럼 서로에게 책임을 가지고 있기 때문이다. 그럼에도 불구하고 우리의 일차적인 책임은 하나님에 대한 예배와 세상에 대한 선교다.

교회가 종교 클럽이라는 생각과 반대되는 또 다른 극단에는 세속적 선교(혹은 종교성 없는 기독교)가 있다. 20세기에 일부 그리스도인 사상가들은 교회의 자기중심성에 격분했다. 그들이 보기에 교회는 시시한 내부적 문제에 너무나 정신없이 몰두하는 듯 보였기 때문에, 그들은 교회를 버리기로 결심했다. 그들은 종교적 섬김의 무대를 교회에서 세속 도시로 바꾸어 버렸다. 그들은 더 이상 '예배 의식'에는 관심이 없고 '예배적 섬김'에만 관심이 있다. 그래서 그들은 '종교성 없는 기독교'를 개발하려 했는데, 거기에서는 예배를 선교로, 하나님에 대한 사랑을 이웃에 대한 사랑으로, 하나님께 대한 기도를 사람들과의 만남으로 재해석했다. 비슷한 운동으로 '포스트 복음주의'나 '이머징 처치'(emerging church) 등은 지역 변혁에 초점을 둔, 체계적으로 구조화되지 않은 기독교 공동체를 선호해서 전통적인 회중을 버렸다.

이런 운동들을 어떻게 평가해야 하는가? 이기적인 종교에 대한 그들의 혐오감은 분명 옳다. 그것은 하나님께 역겨운 것이므로 우리에게도 구역질나는 것이어야 한다. 그러나 '종교성 없는 기독교'라는 개념은 균형을 잃은 과도한 반작용이다. 복음 메시지는 현대의 감각에 맞추기 위해 조정될 수 없다. 그리고 비록 (우리가 살펴보았듯이) 예배와 선교가 서로를 포함하긴 하지만, 그 둘을 마음대로 혼동해서는 안 된다. 예배에는 항상 선교의 요소가 있고 선교에는 예배의 요소가 있지만, 그 둘은 동의어가 아니다.

교회를 이해하는 제3의 방법이 있는데, 그것은 앞에서 말한 두 가지 그릇된 자아상에서 참된 것만을 결합해서 우리에게 하나님을 예배할 책임과 세상을 섬길 책임이 모두 있음을 인식하는 것이다. 이것이 교회의 이중 정체성(혹은 성육신적 기독교)이다. '이중 정체성'이라는 말은 교회가 하나님을 섬기기 위해 세상에서 부름받았으며, 또한 증거하고 섬기기 위해 세상으로 다시 보냄 받은 백성이라는 의미다. 실로 이것들은 교회의 전통적 '표지들'에 속한다. 첫째 표지에 따르면, 교회는 하나님께 속하기 위해 그리고 그분을 예배하기 위해 부름받았으므로, '거룩하다.' 둘째 표지에 따르면, 교회는 그 사명을 위해 세상 속으로 보냄 받았으므로, '사도적이다.' 교회는 '거룩한'(세상과 구별된다는 의미에서)되는 동시에 '세상적'(세상의 가치 기준에 동화된다는 의미에서가 아니라, 내세성을 버리고 세상의 삶에 몰두한다는 의미에서)이 되어야 한다. 알렉 비들러(Alec Vidler) 박사는 교회의 "거룩한 세속성"(holy worldliness)이라는 말을 언급함으로써 교회의 이중 정체성을 포

착했다.[8]

'거룩한 세속성'의 의미를 우리 주 예수 그리스도보다 더 잘 나타내 보인 사람은 없다. 그분의 성육신은 그것을 완벽하게 구현했다. 한편으로 예수님은 우리가 사는 세상 속으로 우리를 찾아오셨으며 우리와 같이 완전한 인간이 되셨다. 그분은 우리의 연약함 속에서 우리와 하나가 되셨고 우리가 당하는 시험들을 몸소 당하셨다. 그분은 보통 사람들과 친근한 교제를 나누셨고 그들은 그분께 열렬히 떼 지어 모여들었다. 그분은 모든 사람을 환영하셨고 아무도 피하지 않으셨다. 그분은 우리의 슬픔과 죄와 죽음을 맛보셨다. 다른 한편으로 그분은 우리 같은 사람들과 자유롭게 어울리면서도 자신의 독특한 정체성을 결코 포기하거나 양보하지 않으셨다. 그분은 '거룩한 세속성'의 완성이었다.

그리고 이제 그분은 자신이 세상에 보냄 받은 것과 같이 우리를 세상에 보내신다.[9] 그분이 우리의 세계를 뚫고 들어오셨듯이, 우리는 다른 사람들의 세계를 뚫고 들어가야 한다. 즉 그들의 사고 세계(복음에 대한 그들의 오해를 이해하려 애쓰면서), 그들의 감정 세계(그들의 고통을 공감하려 애쓰면서), 그들의 생활 세계(가난, 집 없음, 실업, 차별 등 그들이 처한 사회적 상황의 굴욕을 느끼면서)로 뚫고 들어가야 하는 것이다. 대주교 마이클 램지(Michael Ramsey)는 그것을 잘 표현했다. "우리는 밖으로 나가서 사랑과 연민으로 회의자들의 회의 속에, 질문자들의 질문 속에, 길 잃은 자들의 외로움 속에 들어갈 때에만, 믿음을 나타내 보이고 그 믿음을 다른 사람들에게도 전할 수 있다."[10] 하지만 이렇게 다른 사람들의 세계에 들어가는 대가로 우리 자신의 기독교적 온전성을 희생해서는 안 된다. 우리는 예수 그리스도께서 고수하신 그 기준들을 유지해야 한다.

오랜 교회사에서 교회가 거룩한 세속성이라는 하나님이 주신 이중 정체성을 제대로 보존한 적은 거의 없다. 대신, 양극단 사이를 왔다 갔다 하는 경향이 있었다. 때로 자신의 거룩함을 지나치게 강조한 나머지, 교회는 세상에서 한발 물러서서 자신의 사명을 매우 소홀히 했다. 때로는 자신의 세속성을 지나치게 강조한 나머지, 세상에 순응하면서 세상의 견해와 가치관에 동화되어 자신의 거룩함을 너무나 소홀히 했다. 하지만 교회는 선교를 감당하기 위해 두 가지 부르심 모두에 신실하게 반응해야 하고, 정체성의 양 측면을 신실하게 보존해야 한다.

그렇다면 '선교'란 세상 속에 있는 교회라는 성경 교리에서 생겨나는 것이다. 만일 우리가 '교회' 곧 하나님의 거룩하고 구별된 백성이 아니라면 아무런 할 말이 없다. 우리가 타협했기 때문이다. 다른 한편으로 만일 우리가 '세상 속에 있지' 않다면, 곧 세상의 삶과 고난에 깊이 관여하고 있지 않다면 우리에게는 섬길 대상이 아무도 없다. 우리가 단절되어 있기 때문이다. 우리의 부르심은 '거룩'하면서 동시에 '세속적'이다. 이런 균형 잡힌 성경적 교회론이 없다면 우리는 결코 우리의 사명을 회복하거나 성취할 수 없을 것이다.

교회는 자신을 조직화해야 한다

교회의 구조

교회는 자신에 대한 이해에 걸맞은 방식으로 자신을 조직화해야 한다. 교회의 구조는 교회의 신학 특히 이중 정체성을 반영해야만 한다.

종종 교회는 '세속성'보다는 '거룩함'을 위해, 선교보다는 예배와 교제를 위해 구조화되어 있다. 이와 대조적으로, 『다른 사람들을 위한 교회: 선교적 회중을 위한 구조 탐구』(*The Church for Others: A Quest for Structures for Missionary Congregations*)라는 보고서는 이렇게 말한다.

> 선교적인 교회는 자신에게 관심을 갖지 않는다. 그것은 다른 사람들을 위한 교회다.…교회의 중심은 교회 밖에 놓여 있다. 교회는 '밖을 향해서' 살아야 한다.…교회는 세상을 향해야 한다.…우리는 교회들이 그저 앉아서 사람들이 오기를 기대하고 있는 '기다리는 교회'로 발전되어 왔다는 것을 인식해야만 한다. 교회가 물려받은 구조는 이런 정적인 관점을 강조하고 구현한다. 어쩌면 우리는 '오는 구조'를 '가는 구조'로 바꾸는 대신 그 '오는 구조'를 영속화할 위험에 빠져 있다고 말할 수 있다. 또 어쩌면 우리는 타성이 복음의 역동성 및 하나님의 선교에 참여하는 역동성을 대신했다고도 말할 수 있을 것이다.[11]

우리의 정적이고 완고하며 자기중심적인 구조들은 '이단적 구조'다. 그것은 이단적인 교회론을 구현하기 때문이다.

어떤 열심 있는 교회들은 교회 중심적인 프로그램들을 지나치게 많이 만든다. 주중에는 저녁마다 프로그램이 있다. 월요일 밤에는 위원회 모임, 화요일 밤에는 친교 모임이 있다. 수요일 밤에는 성경 공부를 하고 목요일 밤에는 기도회를 한다. 금요일과 토요일 저녁에도 사람들의 시간과 에너지를 빼앗을 다른 좋은 구실이 있다. 그런 교회들은 교인들이 해를 당하지 않도록 하는 것이 주된 목표라는 인상을 준다!

하지만 그처럼 교인들이 북적거리는 교회 중심적 프로그램은 언뜻 보기에는 멋있어 보일지 모르지만 많은 결점과 위험을 갖고 있다. 우선 그리스도인의 가정생활에 해가 된다. 결혼 생활이 깨지고 가정이 붕괴된다. 부모가 집에 거의 없기 때문이다. 또한 교인들이 지역사회에 참여하지 못하게 한다. 이미 지역 교회의 일로 바쁘기 때문이다. 이런 식으로 교회의 정체성 중 본질적인 부분 즉 '세속성'과 상충한다. 리처드 윌크(Richard Wilke) 감독이 말했듯이 "우리의 구조는 세상을 구원하는 수단이 아니라 그 자체가 목적이 되어 버렸다."[12] 그렇다면 그것은 이단적인 구조다.

때로 나는 (비록 요점을 분명히 전하기 위해 좀 과장해서 말하는 것이지만) 교인들이 예배와 교제와 가르침을 위해 일요일에만 만나고, 주중에는 전혀 만나지 않으면 교회가 매우 건강해지지 않을까 생각한다. 그러면 우리는 일요일에 모였다가 주의 나머지 날들에는 흩어질 것이다. 우리는 예배를 위해 그리스도께 왔다가 그리스도를 위해 선교하러 갈 것이다. 그리고 일요일과 평일, 모이는 것과 흩어지는 것, 오는 것과 가는 것, 예배와 선교의 리듬 속에서 교회는 거룩한 세속성을 표현할 것이고, 교회의 구조는 교회의 이중 정체성에 적합해질 것이다.

그렇다면 교회는 어떻게 조직되어야 하는가? 내 생각이지만 이상적으로는 5년 혹은 10년마다 교회가 자신을 평가하고, 그 구조가 교회의 정체성을 얼마나 반영하고 있는지를 검토해야 한다. 교회는 그리스도를 위해 지역사회에 얼마나 침투해 들어갔는지 검토하기 위해 '지역 교회 감사 보고'를 시행해야 한다. 여기에는 두 가지 조사가 포함될 것이다. "교구 분석"(교구에 대한 정확한 그림을 그리기 위해)과 "교회 분석"(지역 교회에 대한 정확한 그림을 그리기 위해)이다.[13]

지역사회 조사

각 교회는 특정한 환경에 자리 잡고 있으며 따라서 그 지역의 특성을 잘 알 필요가 있다. 여기에는 다음과 같은 질문들을 던지는 것이 포함된다.

1. 우리 교구 혹은 지역에는 어떤 사람들이 살고 있는가? 그들의 인종, 국적, 종교, 문화, 선호 매체, 직업 등은 무엇인가? 두 부모 가정, 편부모 가정, 독신, 노인, 젊은이의 비율은 어떠한가? 그 지역의 주된 주택 공급, 취업, 빈곤, 교육적 필요는 무엇인가?

2. 초·중·고교, 대학, 성인 교육 기관, 또는 어린이집, 유치원 등을 포함한 교육 시설이 있는가?
3. 어떤 사업장들이 있는가? 공장, 농장, 사무실, 가게, 혹은 스튜디오? 실업 상태는 어떠한가?
4. 사람들은 어디에 살고 있는가? 개인 주택에 살고 있는가, 아니면 다세대 주택에 살고 있는가? 또한 자가 주택인가, 아니면 세 들어 살고 있는가? 호텔이나 여관, 학생 기숙사, 아파트 단지, 요양원 등이 있는가?
5. 사람들은 여가 시간에 어디에 모이는가? 카페나 레스토랑, 술집이나 나이트클럽, 쇼핑센터, 문화센터, 성인 클럽, 볼링장, 공연장이나 극장, 운동 경기장, 공원이나 대학가?
6. 어떤 공공시설이 있는가? 경찰서, 소방서, 교도소, 병원, 공공도서관, 다른 사회 시설?
7. 교회나 성당, 유대교 회당, 이슬람 사원, 성전, 또는 사교의 예배당 등 여러 다른 종교적 건물들이 있는가?
8. 지역사회는 지난 10년간 변화되었는가? 또한 다음 10년 동안 어떤 변화를 예상할 수 있는가?

지역 교회 조사

이 두 번째 조사에서는 교회가 실제로 자신을 섬기기 위해 조직되었는지 아니면 하나님과 지역사회를 섬기기 위해 조직되었는지를 물어야 한다. 교회는 정말로 자신만을 위해, 자신의 생존과 편의를 위해, 자신의 특권을 보존하기 위해 조직되었는가? 교회를 불

필요하게 지역사회와 분리시키는 전통과 관습들은 무엇인가?

1. **교회 건물**. 교인들은 건물의 **내부**(그것의 아름다움, 편안함, 쾌적한 설비)에 가장 관심이 많은 경향이 있다. 그러나 우리는 또한 교회 주변을 걸으면서 **외부인**의 눈으로 교회 건물을 볼 필요가 있다. 그것은 어떤 인상을 주는가? 성채처럼 어둡고 가까이하기 어려우며 준엄한 분위기를 풍기는가, 아니면 밝고 사람의 마음을 끌며 환영하는 분위기를 자아내는가? 장식과 가구, 조명과 난방, 게시판, 포스터, 책장과 간단한 인쇄물 등 교회 건물의 내부를 비판적으로, 특히 비그리스도인 방문자들의 눈으로 살펴보는 것도 필요할 것이다.
2. **교회 예배**. 우리의 예배는 기독교 안에 들어온 사람들만을 위해 마련된, 오로지 헌신된 사람만을 위한 것이어서 이방인들에게는 뜻 모를 말에 지나지 않는가? 아니면 우리는 예배에 참석하고 있을지도 모를 겉도는 교인들과 방문자들을 고려하고 있는가? 예배의 형식, 성찬식, 사용되는 용어, 음악(가사, 가락, 악기), 좌석 배치, 성직자와 회중의 옷차림 등은 어떠한가? 우리는 이런 모든 것이 어떤 분위기를 풍기는지 자문해 볼 필요가 있다.
3. **교인들**. 우리 교인들은 여러 사역에 참여하고 있는가? 아니면 너무나 교역자 주도적이어서 그러한 일이 불가능한가? 우리 교회는 '그리스도의 몸의 모든 지체가 저마다 사역한다'는 신약의 헌신을 파악하고 있는가? 아니면 그것은 하나의 몸이

라기보다 성직자가 꼭대기에 있고 평신도들은 밑부분에 빽빽이 들어찬 열등한 계급을 구성하고 있는 하나의 피라미드인가? 교회의 구성원들은 또한 지역사회의 구성원이기도 한가? 아니면 그들의 활동은 교회에만 국한되어 있거나, 혹은 멀리서 교회를 다니는 교회 통근자라서 그 지역에 관여하는 것이 어렵거나 인위적인가?

4. **교회의 프로그램.** 우리는 교인들을 교회에 가둬 놓고 있는가? 아니면 의도적으로 교인들(지도자를 포함하여)을 지역사회 안에서 그리스도를 위해 활발히 일하도록 교회의 여러 일에서 벗어나게 해 주는가? 우리는 그들이 그런 일을 할 때 관심과 기도로 지원해 주는가? 교회의 이중 정체성이라는 성경적 진리가 가르쳐지고 구현되는가? 기독교적 봉사와 증거에 헌신하기 원하는 사람들이 확실하게 훈련받을 수 있도록 해 주는가?

교회 지도자들(성직자와 평신도)은 이 두 가지 조사(지역사회와 교회에 관한)를 연구할 필요가 있을 것이다. 이런 고찰을 통해 새로운 선교 전략이 나올 것이다. 그러면 교회는 우선순위 목록을 가지고 장·단기적 목표를 세울 수 있다. 교회는 스스로가 그릇된 자아상으로 어려움을 겪고 있으며 거룩한 세속성과 선교의 의미에 대한 성경의 가르침이 필요하다고 결정할 수도 있다. 아니면 교인들이 복음 전도를 위해 준비하도록 훈련 프로그램을 계획해야 한다고 결정할 수도 있다. 혹은 교인들이 지역 공동체에 더 많이 관여하도록 교회 활동을 줄여야 한다고 결정할 수도 있다. 교회 건물, 실내 장식, 좌석 배치, 예배를 철저하게 재구성하도록 결정할 수도 있다. 아니면 지역 내 다른 교회와 협력하여 그 지역을 전반적으로 방문할 계획을 짤 수도 있다. 아니면 그 지역의 특정한 영역에 침투해 들어가도록 전문 집단을 구성할 수도 있다. 예를 들어 어느 그룹은 그 지역의 술집을 하나 입양할 수 있을 것이다. 가끔씩 그것을 급습해서 복음 전도를 하기 위해서가 아니라, 서로 힘을 모아 (두 사람씩) 오랫동안 그곳을 정기적으로 방문하여 그곳에 모이는 사람들과 친구가 되기 위해서다. 또한 교회는 이웃을 위한 가정 모임을 하거나, 교회 건물이 아닌 곳에서 일련의 변증론 강좌를 열거나, 정기적으로 전도 목적의 예배를 드려서 교인들이 자기 친구들을 데려오게 할 수도 있다. 아니면 연구 조사를 하는 동안 드러난 그 지역의 특별한 사회적 필요를 택해서 어떤 그룹이 그것을 연구하고 행동을 취하도록 격려할 수도 있다. 그 모든 결정들은 교회가 자신을 지역사회와 동일시하도록 돕고 진정으로 성육신적인 선교를 촉진하는 구조를 발전시키도록 설계될 것이다.

교회는 자신을 표현해야 한다

교회의 메시지

지역 교회가 스스로를 이해하고 그에 따라 구조를 조직하는 것만으로는 충분하지 않다. 교회는 자기 메시지를 분명히 말해야 한다. 복음 전도는 가장 단순하고 기본적으로 말하자면 '복음'을 나누는 것이기 때문이다. 그러므로 복음 전도의 정의를 내리기 위해 우리는 복음의 정의도 내려야 한다.

복음의 진수가 바로 예수 그리스도라는 것에는 의심의 여지가 없다. 그리스도인들이 예수님에 대해 이야기하지 않고 복음을 전파하기는 불가능할 것이다. 그래서 빌립은 에티오피아인에게 말하면서 "예수를 가르쳐 복음을 전"했다고 나온다.[14] 사도 바울은 자신을 "하나님의 복음을 위하여 택정함을 입었으니…그의 아들에 관하여"라고 묘사했다.[15] 나아가 우리는 예수님을 증거하면서 특히 그분의 죽음과 부활에 대해 말해야 한다. 사도들이 전한 복음에 대한 바울의 유명한 요약을 인용하면, "내가 받은 것을 먼저 너희에게 전하였노니 이는 성경대로 그리스도께서 우리 죄를 위하여 죽으시고 장사 지낸 바 되었다가 성경대로 사흘 만에 다시 살아나사…보이시고."[16] 우리가 복음을 전할 때 하나님이 자신의 아들을 선물로 주셔서 우리와 같은 삶을 사시고 우리 죄를 위해 죽으셨다가 다시 살아나게 하신 그분의 사랑과 함께, 회개하고 믿는 모든 사람에게 예수 그리스도를 통해 죄 사함과 자유의 새로운 생명, 그분의 새로운 나라의 시민권을 주신다는 사실을 선포하지 않는다면 결코 복음을 나눈 것이라고 할 수 없다.

하지만 우리는 점차 다원화되어 가는 사회에서 어떻게 하면 사람들의 공감을 불러일으키고 그들이 잘 알아들을 수 있도록 이 복음을 분명히 전할 수 있을까? 우리가 피해야 할 두 가지 극단이 있다.

첫 번째 극단은 절대적 고정성이라고 부를 수 있다. 어떤 그리스도인들은 단어와 문구의 노예가 되어 상투적인 형태의 복음에 갇혀 있다. 그들은 자기 메시지를 멋지고 깨끗한 포장지로 싼다. 그러고는 마치 그것을 슈퍼마켓에 진열이라도 할 것처럼, 테이프와 라벨과 가격표를 붙인다. 그리고 자기들이 좋아하는 문구(하나님 나라, 예수님의 보혈, 인간의 해방, 거듭나는 것, 이신칭의, 그리스도의 우주적 주권 등과 같은)가 사용되지 않으면 복음이 선포된 것이 아니라고 단언한다. 이 사람들은 신약 자체에서 발견되는 매우 다양한 복음의 형식을 깨닫지 못한 듯하다. 내가 열거한 것들은 모두 성경적이다. 그러나 모두 비유적 표현 요소들을 포함하고 있으며, 각각의 비유적 표현은 서로 다르기 때문에 그것들을 하나의 단순한 개념으로 통합시키는 것은 불가능하다. 그러므로 각 상황에 가장 적합한 이러저러한 표현법을 개발하는 것은 매우 타당한 일이다.

반대 극단은 절대적 유동성이다. 몇 년 전에 나는 영국의 한 주교가 이렇게 말하는 것을 들었다. "진공 상태의 복음이라는 것은 없다. 특정 상황에 들어가기 전까지는 복음이 무엇인지조차 알 수 없다. 먼저 상황에 들어가야 하며, 그러면 그 상황 안에서 복음을 발견한다." 만일 그가 진공 상태가 아니라 상황 안의 복음을 원한다는 의미로, 또 우리가 각 사람과 상황에 민감하게 복음을 관련시킬 필요가 있다는 의미로 말한 것이라면 나는 그의 말에 전적으로 동의한다. 하지만 "진공 상태의 복음이라는 것은 없다"는 것과 각각의 상황 속에서 "당신이 그것을 발견한다"는 말은 분명 심하게 과장되었다. 절대적 유동성을 주창하는 사람들은 신약에 나오는 복음 형식의 풍부한 다양성 기저에 서로 다른 형식들을 함께 묶어 주는 통일성(특히 구원을 위한 예수님의 죽음과 부활과 관련해서)이 있다는 사실을 깨닫지 못한 것처럼 보인다. 헌터(A. M. Hunter) 교수가 썼듯이, "신약에는 모든 다양성을 지배하고 그것을 초월하는 깊은 통일성이 있다."[17]

이 양극단 사이의 중도가 있을까? 있다. 앞에서 묘사한 양극단은 모두 우리가 보존해야 할 중대한 관심사를 표명한다. 첫째('절대적 고정성')는 복음이란 하나님이 계시하시고 우리가 받은 것임을 올바르게 강조한다. 그것은 보존해야 할 전통이면서 지켜야 할 위탁물이기도 하다. 그것은 우리가 만들어 낸 것이 아니다. 또한 우리는 그것을 편집하거나 함부로 고칠 자격이 없다. 둘째('절대적 유동성')는 복음이 각 사람이나 상황에 적절하게 관련되어야 함을 올바르게 강조한다. 그렇지 않으면 복음은 부적실한 것으로 인식될 것이다.

그렇다면 우리는 어떻게든 이 두 가지 관심사를 올바르게 결합시키는 법을 배워야 한다. 우리는 하나님이 말씀을 주신 고대 세계와 현대 세계, 이미 주신 것과 아직 열린 채로 남아 있는 것, 내용과 상황, 성경과 문화, 계시와 상황화 간의 긴장을 가지고 씨름해야 한다. 우리는 성경에 더 신실하고 사람들에게 더 민감할 필요가 있다. 둘 중 어느 하나만 있는 것이 아니라 둘 다 있어야 한다.

교회는 자신이 되어야 한다

교회의 생활

교회는 하나님의 새로운 사회, 복음의 살아 있는 구현, 하나님 나라의 표지, 인간의 공동체가 하나님의 자비로운 통치 아래에 있을 때 어떤 모습인지 보여 주는 실증이어야 한다.

다시 말해서 하나님의 목적은 예수 그리스도의 복음이 말로만이 아니라 눈에 보이게, "말과 행위로" 전달되는 것이다. 교육자라면 누구나 사람들이 듣는 것을 통해 배우는 것보다 보고 경험한 것을 통해 배우는 것이 훨씬 쉽다는 것을 잘 안다. 더 정확히 말하면 말과 행위, 듣는 것과 보는 것은 본질적으로 한데 결합되어 있다. 이것은 복음 전도에서도 분명 그렇다. 사람들은 우리가 전파하는 복음이 우리를 변화시켰다는 것을 그들 자신의 눈으로 보아야만 한다. 존 풀턴(John Poulton)이 말했듯이, "그리스도인들은…그들이 말하는 것 그대로 보일 필요가 있다. 일차적으로 어떤 것을 전달하는 것은 말이나 사상이 아니라 **사람이다**.…지금 전달되는 것은 기본적으로 인격적인 신빙성이다."[18] 만일 우리의 삶이 우리가 전하는 메시지와 모순된다면 우리의 복음 전도는 모든 신빙성을 상실할 것이다. 실로 복음 전도의 가장 큰 장애물은 복음 전도자의 말과 행동의 불일치다.

요한일서 4장 12절은 "어느 때나 하나님을 본 사람이 없으되 만일 우리가 서로 사랑하면 하나님이 우리 안에 거하시고 그의 사랑이 우리 안에 온전히 이루어지느니라"라고 말한다. 하나님은 보이지 않는 분이다. 아무도 그분을 본 사람이 없다. 인간이 본 것이라고는 그분의 영광, 그분이 발하는 빛을 흘끗 본 것뿐이다.

하나님의 불가시성은 믿음에 커다란 문제다. 구약 시대의 유대인들에게도 마찬가지였다. 그들의 이방인 이웃들은 실제로 그들이 보이지 않는 하나님을 예배한다는 것을 비웃었다. 그들은 유대인을 비웃었다. '너희가 하나님을 믿는다고 말하느냐? 그가 어디 있느냐? 우리의 신전에 와 보라. 그러면 우리의 신들을 네게 보여 주겠다. 그 신들은 귀와 눈, 손과 발, 입과 코도 있다. 하지만 너희 하나님은 어디에 있느냐? 우리는 그를 볼 수 없다. 하하하!' 유대인들은 이런 조롱을 견디기 어렵다고 생각했다. 그래서 시편 기자와 선지자는 이렇게 불평했던 것이다. "어찌하여 뭇 나라가 그들의 하나님이 이제 어디 있느냐 말하게 하리이까."[19] 물론 이스라엘 사람들도 나름대로 할 말이 있었다. 이방의 우상들은 아무 것도 아니고 오직 인간의 손으로 만든 것일 뿐이었다. 진정 그것들은 입이 있어도 말하지 못하고, 눈이 있어도 보지 못하며, 귀가 있어도 듣지 못하고, 코가 있어도 냄새를 맡지 못하며, 손이 있어도 만지지 못하며, 발이 있어도 걷지 못했다.[20] 반면에 야훼께서는 (영이기 때문에) 입은 없지만 말씀하셨다. 귀는 없지만 이스라엘의 기도를 들으셨다. 그리고 손은 없지만 우주를 창조하시고 강한 능력으로 자기 백성을 구속하셨다. 동시에 하나님의 백성은 그분이 자신을 열방에 알리셔서, 그들이 그분을 보고 믿기를 열망했다.

보이지 않는 하나님이라는 똑같은 문제는 오늘날 우리에게도 도전한다. 특히 과학적 방법에 기초하여 자란 사람들에게는 더욱 그렇다. 그들은 모든 것을 오감으로 검토해 보라고 배웠다. 실증적인 검사로 분석할 수 없는 것은 무엇이든 의심하도록 배웠다. 그렇다면 보이지 않는 하나님을 믿는 것은 과연 합리적일 수 있을까? 그들은 '그저 그분을 보게만 해 주면 믿겠다'라고 말한다.

그렇다면 하나님은 자신의 비가시성이라는 문제를 어떻게 해결하셨을까? 우선 그분은 자신의 아들을 세상에 보내셔서 해결하셨다. "본래 하나님을 본 사람이 없으되 아버지 품속에 있는 독생하신 하나님이 나타내셨느니라."[21] 그 결과 예수님은 "나를 본 자는 아버지를 보았거늘"[22]이라고 말씀하실 수 있었으며, 바울은 그분을 "그는 보이지 아니하는 하나님의 [보이는] 형상"[23]이라고 묘사할 수 있었다.

이에 대해 사람들은 대체로 이렇게 대답한다. "그건 정말 놀라워요. 하지만 그 일은 거의 2천 년 전에 일어난 일이에요. 보이지 않는 하나님이 오늘날 자신을 보이게 나타내는 방법은 없나요?" 그런 방법은 있다. "어느 때나 하나님을 본 사람이 없으되."[24] 우리는 요한일서 4장 12절에서 요한복음 1장 18절에 나오는 것과 똑같은 말을 읽는다. 하지만 이제 요한은 그 문장을 다르게 결론짓는다. 복음서에서는 "독생하신 하나님이 나타내셨느니라"고 썼다. 서신서에서는 "만일 우리가 서로 사랑하면 하나님이 우리 안에 거하시고 그의 사랑이 우리 안에 온전히 이루어지느니라"고 썼다. 요한이 의도적으로 같은 문장을 반복하고 있기 때문에 이것은 오직 한 가지만을 의미할 수밖에 없다. 보이지 않는 하나님이 이전에는 그리스도 안에서 자신을 보이게 나타내셨다면, 이제는 만일 우리가 서로 사랑하면 그리스도인들 안에서 자신을 보이게 나타내신다는 것이다.

하나님은 본질적으로 사랑이시며 우리를 위해 살고 죽도록 자신의 아들을 주심으로 우리를 향한 사랑을 나타내셨다. 이제 그분은 우리가 사랑의 공동체가 되도록 부르신다. 우리는 그분의 가족으로서 친밀함을 갖고 서로 사랑하도록, 특별히 나이와 성별, 인종과 계층의 장벽을 넘어 사랑하도록 부르심 받는다. 그리고 우리는 하나님이 사랑하신, 소외와 굶주림과 빈곤과 고통 가운데 있는 세상을 사랑하도록 부르심 받는다. 하나님은 오늘날 우리가 행하는 이런 질 높은 사랑을 통해서 자신을 가시적으로 나타내신다.

우리가 다른 사람들을 향한 사랑으로 하나님의 사랑을 나타내지 않으면 하나님의 사랑의 복음을 조금도 온전하게 선포할 수 없다. 시기와 경쟁, 중상모략과 악의로 갈라져 있거나 이기적인 관심에만 몰두하는 교회처럼 그리스도를 위한 일에 해를 끼치는 것은 없을 것이다. 그런 교회들은 시급히 사랑 안에서 철저하게 새롭게 되어야 한다. 오직 우리가 서로 사랑할 때에만 세상은 예수님이 그리스도이시며 우리가 그분의 제자라는 것을 믿을 것이다.[25]

그러므로 지역 교회를 통한 복음 전도의 네 가지 주된 선행 요건은 다음과 같다.

1. 교회는 거룩한 세속성이라는 자신의 이중 정체성을 파악하여 자신을 이해해야만 한다(신학적으로).
2. 교회는 자신의 이중 정체성을 반영하는 선교 전략을 개발하여 자신을 조직해야 한다(구조적으로).
3. 교회는 성경에 충실하면서도 현대 세계에 적절한 방식으로 복음을 표현하여 자신을 나타내야 한다(말로).
4. 교회는 보이지 않는 하나님이 다시 세상에 자신을 보이게 만드시는 사랑의 공동체가 됨으로써 자기 자신이 되어야 한다(도덕적·영적으로).

팀 체스터의 성찰 질문

1. 교회는 "거룩한 세속성"으로 부르심 받는다. 교회나 그리스도인들이 거룩하지만 배타적인 상황을 생각해 볼 수 있는가? 그들이 세상에 참여하지만 타협하는 상황은 어떤가? 당신의 교회는 이 양극단 사이에서 어느 위치에 있다고 보는가? 당신 자신은 어느 위치에 있다고 보는가?
2. 당신이 속한 교회의 구조와 활동을 검토해 보라. 그것들은 그 교회의 우선순위를 시사하는가? 표명하는 우선순위와 어울리지 않는 것이 있는가?
3. 당신 지역의 이웃이 지닌 필요를 검토해 보라. 교회가 충족시킬 수 있는 필요가 있는가?
4. 당신이 속한 교회의 교인들은 다양한 사역에 참여하는가? 사람

들을 선교를 위해 구비시키기 위해 교회는 무엇을 할 수 있을까? 사람들이 지역의 활동에 참여할 수 있도록 놓아 주기 위해 교회가 중단해야 할 것들이 있는가?

5. 당신이 믿지 않는 이들에게 그리스도에 대해 말하는 방식을 생각해 보라. 당신은 너무 공식적인 경향이 있는가?(절대적 고정성) 아니면 그리스도의 죽음과 부활에 대해 분명하고 신실하게 말하기를 꺼려하는가?(절대적 유동성)

6. 사람들은 당신의 삶에서 어떤 방식으로 보이지 않는 하나님을 보는가? 당신 교회의 삶에서는 어떠한가?

3

교회 갱신의 차원들

지난 백여 년 동안 교회에는 일련의 갱신 운동이 일어났는데, 각각은 교회 생활의 특정한 측면에 초점을 맞추고 있었다. 적어도 여섯 가지를 생각할 수 있다.

첫째, 20세기 초에 선교 운동은 1910년에 에든버러에서 열린 세계선교대회에서 새로운 추진력을 얻었다. 도널드 맥가브란(Donald McGavran) 박사가 시작한 교회 성장 운동과, 로잔 운동과 세계 복음화 국제대회(로잔 1974, 마닐라 1989, 남아프리카 2010)는 선교 운동을 상당히 더 촉진시켰다.

둘째, 성경 신학 운동이 있었다. 이 운동은 칼 바르트(Karl Barth)와 에밀 브루너가 하나님의 '타자 됨'(otherness)과 그분의 말씀을 강조한 데서 시작되었다. 1945년과 1960년 사이에는 게르하르트 폰 라트(Gerhard von Rad, 구약)와 오스카 쿨만(Oscar Cullmann, 신약) 같은 성경 신학자들 밑에서 번창했다. 그들은 성경의 내적 통일성을 강조했다.

그다음으로 교회 연합 운동은 1948년 암스테르담에서 세계교회협의회를 결성하면서 형태를 갖췄으며, 세상에 복음을 증거하는 데 교회들이 연합할 필요성을 강조했다.

넷째, 전후 예배 운동은 특히 로마가톨릭 교회에서(거기에만 국한된 것은 아니지만) 두드러졌는데, 회중의 예배를 현대화하는 것을 목표로 삼았다. 제2차 바티칸공의회는 이것을 더욱 가속화시켰다.

다섯째, 은사주의 운동은 주류 교단 안에 있는 오순절 교회의 독특한 강조점들을 통합하고자 했으며, 그리스도의 몸에 영적 능력과 은사들을 회복하는 데 관심을 갖고 있었다.

여섯째, 해방 신학에서 복음주의의 사회적 양심 회복에 이르는 여러 사회정의 운동은 교회의 영원하고 내세적인 관심사와 한시적이고 현세적인 책임 간에 조화를 이루려 애써 왔다.

이처럼 선교, 신학, 연합, 예배, 능력, 정의는 타당한 여섯 가지 기독교적 관심사이며 각각의 관심사에는 헌신적인 열심당원들이 몰려 있다. 그러나 그 결과 각 의제가 건전하지 않게 파편화되고 말았다. 따라서 우리에게는 교회 생활의 모든 차원에서 전체적이고 통합적인 갱신의 비전을 갖는 일이 필요하다.

이것을 나타내는 로마가톨릭 단어는, 적어도 제2차 바티칸공의회(1963-1965년) 이래로 '아조르나멘토'(*aggiornamento*)였는데 이는 현대 세계의 도전들에 반응하기 위해 교회를 현대화하는 과정을 말한다. 세계는 급속하게 변하고 있으며, 교회가 살아남으려면 자신의 기준을 타협하거나 세상의 기준을 수용해서는 안

되지만, 이 변화에 발맞추어 가야 한다.

개신교는 교회의 회복과 갱신에 대한 지속적 필요를 다양한 어휘를 사용하여 묘사한다. 우리가 좋아하는 두 단어는 '개혁'과 '부흥'이다. 개혁이란 16세기에 일어났던 것과 같이 성경에 따라 신앙과 삶을 개혁한다는 의미이고, 부흥이란 하나님이 확신과 회개, 고백, 죄인들의 회심, 믿음을 떠난 자들의 회복을 일으키시면서 교회나 공동체를 완전히 초자연적으로 찾아오시는 것을 나타낸다. '개혁'이라는 말은 주로 하나님의 말씀의 능력을 강조하고, '부흥'이라는 말은 성령의 능력을 강조한다. 우리는 성령에 의한 부흥과 말씀에 따른 개혁을 결합시키는 운동을 묘사하기 위해 계속 '갱신'이라는 말을 쓰는 게 좋겠다. 하나님의 말씀은 성령의 검이므로 그중 한쪽을 다른 한쪽 없이 생각하는 것은 균형 잡히지 않은 것이다.

지속적인 갱신에 대한 통합적 비전을 가지려면 요한복음 17장에 나오는 자기 백성을 위한 예수님의 기도를 살펴보는 게 가장 좋다. 의심할 바 없이 이것은 성경의 가장 심오한 장 중 하나다. 그 깊이는 우리가 결코 가늠할 수 없다. 우리가 할 수 있는 것이라고는 얕은 곳에서 철퍼덕거리는 것뿐이다. 그 높이는 우리가 결코 측량할 수 없다. 우리는 겨우 산기슭을 기어오를 뿐이다.

그럼에도 불구하고 우리는 꾸준히 노력해야 한다. 다락방 강론(요 13-17장)이 성경의 성전이라면, 요한복음 17장은 성전의 성소 혹은 지성소이기 때문이다. 여기에서 우리는 하나님 존전, 하나님의 마음과 가슴으로 들어간다. 성자가 성부와 교제하는 동안 우리가 그 말을 엿듣는 게 허용된다. 우리는 신을 벗어야 한다. 이곳은 거룩한 땅이기 때문이다.

예수님은 이렇게 기도하신다.

- 그분 자신을 위해서 기도하신다(1-5절). 이제 그분은 십자가로 나아가신다.
- 사도들을 위해 기도하신다(6-19절). 그분은 그들에게 하나님 아버지를 나타내셨고, 그들은 그분이 기도할 때 그 주위에 모여들었다.
- 현재와 미래의 모든 교회를 위해 기도하신다(20-26절). 교회는 사도들의 가르침을 통해 그분을 믿게 될 모든 사람들로 구성된다.

우리는 둘째와 셋째 부분(6-26절)을 집중적으로 살펴볼 것이다.

사실상 예수님은 11절 끝부분에 이르기까지 자기 백성을 위한 기도를 시작하지 않으신다. 그 부분에 이르기 전에, 6-11절 상반절에서 그분은 이제 자신이 위해서 기도할 백성들을 묘사하신다. 그것은 상당히 정교한 묘사이며, 비록 일차적으로는 사도들을 언급하는 것이지만, 그들을 독특한 사도의 사역을 맡은 자들이 아니라 일반적인 제자들로 묘사한다. 그 묘사는 세 부분으로 되어 있다.

첫째, 그들은 그리스도께 속해 있다. 예수님은 하나님이 그들을 세상 중에서 자신에게 "주셔서"(6절과 9절), 그들이 자신에게 속해 있다는 진리를 세 번 반복해서 말씀하신다.

둘째, 그들은 하나님 아버지를 안다. 아버지께서 그들을 아들에게 주셨다면, 아들은 그들에게 아버지를 계시해 주기 때문이다. 이 진리 역시 반복되고 있다. "세상 중에서 내게 주신 사람들에게 내가 아버지의 이름을 나타내었나이다"(6절). 또한 "나는 아버지께서 내게 주신 말씀들을 그들에게 주었사오며 그들은 이것을 받고"(8절). 물론 하나님의 이름을 계시하고 하나님의 말씀을 선물로 준 첫 번째 대상은 사도들이었지만, 그것은 그들로부터 그리스도의 모든 제자에게 전해졌다.

셋째, 그들은 세상에서 산다. 예수님은 "나는 세상에 더 있지 아니하오나 그들은 세상에 있사옵고 나는 아버지께로 가옵나니"(11절 상반절)라고 말씀하셨다. 비록 그들은 "세상 중에서"(out of world) 그리스도에게 주어졌으나(6절), 그럼에도 불구하고 자신들이 나온 그 "세상에"(in the world) 있다(11절 상반절). 그들은 영적으로 구별되어야 하지만 사회적으로 단절되어서는 안 된다. 예수님은 자신의 대리인 혹은 사절로 그들을 뒤에 남겨 놓으셨다.

그렇다면 자신의 백성—사도들로 시작하지만 그 후의 모든 제자들을 포함하여 우리에게까지 이르는—의 특성에 대한 예수님의 삼중 묘사는 다음과 같다. 첫째, 아버지께서 우리를 아들에게 주셨다. 둘째, 아들은 우리에게 아버지를 보여 주셨다. 셋째, 우리는 세상에서 산다. 우리는 이런 삼중 방향성(아버지에 대한, 아들에 대한, 세상에 대한)으로 인해 '거룩한'(즉, 구별된) 백성이 되는 것이다. 우리는 하나님을 알고 그리스도께 속한 사람들로서 이 세상에 살며, 그렇기 때문에 그분을 알려야 할 독특한 사명이 있다(고 암시되어 있다).

그렇다면 그리스도는 그처럼 주의 깊게 묘사한 자신의 백성들을 위해 무엇을 기도하시는가? 단 두 단어로 이루어진 그분의 중보 기도가 되풀이된다. "거룩하신 아버지여…그들을 보전하사…내가 비옵는 것은…악에 빠지지 않게 [그들을] 보전하시기를 위함이니이다"(11절 하반절과 15절). 이것은 거룩하신 아버지께 거룩한 백성인 우리를 지켜 달라는, 그분이 주신 독특한 신분을 망치는 모든 악한 영향으로부터 우리를 보존하며 보호해 달라는 기도다. 또한 하나님을 알고 그리스도께 속하였으며 세상에 살고 있는 존재로서 우리가 누구인지에, 곧 그리스도인으로서의 본질적 정체성에 충실하게 해 달라는 기도다.

좀더 구체적으로, 예수님은 자신의 백성이 진리, 거룩함, 선교, 연합이라는 네 가지 특성을 갖게 해 달라고 기도하신다.

진리(11-13절)

11절 하반절을 문자적으로 번역하면 '당신의 이름 안에 저희를 보전하사'가 될 것이다. 하지만 주석가들은 '안에'(in)라는 전치사를 어떻게 해석해야 하는지에 대해 의견 일치를 보지 못하고 있다. NIV에서는 그것을 "당신의 이름의 능력으로써 그들을 보전하사"(Protect them by the power of your name)라고 번역한다. 그러나 문맥으로 보아 하나님의 이름은 그것으로써 제자들을 보전하는 어떤 능력이라기보다는 제자들이 그 안에서 보전되어야 하는 어떤 영역인 듯하다. 그렇다면 나는 예루살렘 성경의 다음과 같은 번역이 옳다고 생각한다. "당신이 내게 주신 사람들을 당신의 이름에 충실하도록 보전하사"(Keep those you have given me true to your name). 하나님의 이름에 대한 계시는 "말하자면 그 안에서 그들이 보전되도록 둘러싼 담"이었다.[1] 왜냐하면 하나님의 이름은 하나님 자신, 그분이 누구신가 하는 것, 그분의 인격과 존재이기 때문이다. 이것이 바로 성부께서 성자에게 계시해 주신 것이며 성자께서 다시 사도들에게 계시해 주신 것이다(6절). 예수님은 지상 사역을 하시는 동안 그들을 그분 안에서 보전하셨다(12절). 그러나 이제 그분은 바야흐로 세상을 떠나려 하신다. 그래서 예수님은 자신이 제자들에게 계시한 그 이름에 그들이 충성하게 해 달라고, 그래서 "우리와 같이 그들도 하나가 되게"(11절) 해 달라고 성부께 기도하신다. 그들이 연합하게 되는 주요 수단은 그들이 그리스도 안에서 그리고 그리스도를 통해 계시된 하나님의 진리에 충성하는 것이다.

그렇다면 예수님이 기도로 표현하신 것처럼, 진리야말로 그분의 교회에게는 첫 번째 관심사다. 그분은 계시에 대해, 즉 자신이 나타내지 않았으면 감추어져 있을 하나님의 이름을 나타내신 것에 대해 말씀하신다. 그분은 자신의 백성이 그 계시에 충실하기를 바라신다는 것과, 백성들의 연합이 그 계시에 대한 공동의 신실함에 근거하기를 바란다는 점을 분명히 하셨다. 그러나 오늘날 일부 교회 지도자들을 보면 대단히 신실하지 못한 죄를 짓고 있는 게 아닌지 우려된다. 어떤 사람들은 무모하게도 역사적인 기독교 신앙과 전통적인 기독교 도덕의 근본을 부인하는가 하면, 또 어떤 사람들은 부끄럼 많은 사춘기 십대처럼 자기 자신과 자신의 믿음에 대해 확신하지 못하는 것처럼 보인다.

교회가 예수 그리스도 안에 계시된 하나님의 진리에 대한 헌신에서와 그리스도에 대한 성경의 충분한 증거 면에서 새로워지기 전까지는, 그리고 새로워지지 않는다면 교회가 철저히 갱신될 가능성은 없다. 또한 교회가 진정한 연합의 유일한 증거인 진리를 회복하기까지 그 연합을 회복할 가능성은 없다. 예수님은 먼저 교회의 진리를 위해 기도하셨다. 우리 역시 그렇게 해야 한다. 하나님은 그분의 교회가 "진리의 기둥과 터"[2]가 되도록 하셨기 때문이다.

거룩함(14-16절)

예수님은 아버지께 자기 백성이 그분의 이름에 충실하도록 지켜 주실 뿐 아니라 "악에 빠지지 않게"(15절) 지켜 달라고 기도하셨다. 즉 한편으로는 그들이 오류로부터 보전되어 진리 가운데 있기를 바라셨으며, 다른 한편으로는 악으로부터 보전되어 거룩함 가운데 있기를 바라셨다. 바울이 후에 단언하듯이, 교회의 최종적 운명은 "영광스러운 교회로 세우사 티나 주름 잡힌 것이나 이런 것들이 없이 거룩하고 흠이 없게" 되는 것이다.[3] 그러나 교회의 거룩함은 지금 시작되어야 한다.

그렇다면 '거룩함'이 뜻하는 것은 무엇일까? 지난 장에서 살펴보았듯이 역사 내내 교회는 극단으로 가는 경향이 있었다. 때로 교회는 거룩하게 되려는 타당한 결심으로, 세상에서 물러나 접촉을 끊어 버렸다. 또 어떤 때는 접촉을 끊지 않으려는 똑같이 타당한 결심으로, 세상에 순응하여 사실상 세상과 구별할 수 없게 되어 버렸다. 하지만 그리스도가 생각하시는 교회의 거룩함은 물러남도 순응도 아니다.

물러남은 바리새인들의 방식이었다. 그들은 율법을 일상생활의 자잘한 부분에까지 적용시키는 데 너무 열심이어서 거룩함을 잘못 이해했다. 악한 것이나 악한 사람과의 단순한 접촉만으로도 오염을 초래한다고 생각한 것이다. 그리고 교회에서도 일종의 기독교적 바리새주의 혹은 분리주의는 좀처럼 사라지지 않았다. 그것은 흔히 거룩함에 대한 열렬한 갈망과 악한 세상이 기독교 문화를 파괴하지 못하도록 보존하려는 열심에서 나온 것이었다. 이런 동기들 때문에 은자(隱者)들은 4세기에 사막으로 피해 들어갔으며 중세에는 수도원 제도가 발전되었다. 하지만 수도사들과 은자들의 동기는 고상했을지라도 세상을 등지는 수도원 제도는 그리스도를 배신하는 행위였다. 그리스도인을 게토 같은 교제권 안에 가두어 버려서 그들을 비그리스도인들과 차단해 버리는 현대의 경건파들도 마찬가지다. 왜냐하면 예수님은 자신의 제자들이 악한 자에게서 보호되기를 원하시지만 그들을 세상에서 데려가는 것을 원하지는 않는다고 구체적으로 기도하셨기 때문이다(15절).

'물러남'이 바리새인들의 방식이었다면, '순응'은 사두개인들의 방식이었다. 그들은 부유한 귀족 가문에 속해 있었기 때문에 로마와 합작하여 정치적 지위를 유지하려고 애썼다. 이런 타협의 전통은 초대교회에도 존속되었으며 오늘날에도 여전히 남아 있다.

그 동기 역시 좋은 것일 수 있다. 즉 교회와 세상 사이에 있는 장벽을 허물고 예수님이 그러셨던 것처럼 세리와 죄인들의 친구가 되려는 것이다.[4] 그러나 예수님은 가치관과 기준 면에서 "죄인들과 구별되[셨다]".[5]

이런 두 가지 극단적 입장 대신에 예수님은 우리가 그분과 같이 "세상에 속하지 아니"(14절)하면서, 즉 세상에 속하지도 않고 세상의 방식을 따라가지도 않으면서 "세상에" 살도록(11절) 부르신다. 이것이 지난 장에서 살펴본 '거룩한 세속성'이다. 우리는 굴복해서도 안 되고 손을 떼서도 안 된다. 그 대신에 우리는 산개울의 바위처럼, 한겨울에 피어난 장미꽃처럼, 거름 더미 속에서 자라난 백합화처럼 세상 안에 머무르며 굳게 서야 한다.

선교(17-19절)

예수님의 기도에는 '세상'이라는 말이 열다섯 번 나온다. 이는 그분의 주된 관심사가 자기 백성이 어떻게 세상, 즉 비기독교 사회나 무신론적인 세속주의와 관계 맺을 것인가 하는 것임을 가리킨다. 그분은 자기 백성이 세상에서 자신에게 주어졌지만(6절) 세상에서 그들을 데려가서는 안 된다는 것(15절), 그들이 아직도 세상에 살고 있으나(11절) 세상에 속하지는 않았다는 것(14절 하반절),

세상은 그들을 미워할 것이지만(14절 상반절) 그들은 세상으로 보냄 받는다는 것을(18절) 보여 주신다. 이는 세상에 대한 교회의 다각적인 관계를 보여 준다. 즉, 세상 안에 살고 세상에 속하지 않으며 세상의 미움을 받고 세상으로 보냄 받는다는 것이다.

이를 이해하는 가장 좋은 방법은 세상에 대한 잘못된 태도인 '물러남'과 '순응' 대신, '선교'가 올바른 태도임을 파악하는 것이다. 세상에서 교회의 선교가 가능하려면 반드시 두 가지 잘못된 궤도를 피해야 한다. 만일 우리가 세상에서 물러난다면 선교는 명백히 불가능해진다. 세상과의 접촉이 단절되기 때문이다. 마찬가지로, 만일 우리가 세상에 순응한다면 선교는 불가능하다. 우리의 경계선을 상실하기 때문이다.

우리가 세상 '안에'(in) 살고 있지만(11절), 그럼에도 세상'으로'(into) 보냄 받을 필요가 있다는 것은(18절) 특히 놀라운 사실이다. 하지만 사실 그렇다. 그리스도인들은 그리스도의 선교에 전혀 동참하지 않으면서도 얼마든지 세상에서 살 수 있다.

여기서 나오는 자기 백성을 위한 그리스도의 기도는 아버지께서 그분의 진리의 말씀으로 우리를 "거룩하게" 해 달라는 것(17절), 참으로 우리를 위하여 자신을 거룩하게 하신 그리스도처럼 우리가 "진리로 거룩함을 얻게[혹은 참으로 거룩함을 얻게]" 해 달라는 것이다(19절). 만일 그 거룩함에 그리스도 자신이 참여하셨다면 우리는 그분이 어떤 거룩을 염두에 두고 있는지 질문해야 한다. 죄 없으신 그리스도가 어떻게 자신을 거룩하게 하셨다고 말씀하실 수 있는가? 그 대답은 거룩하게 되는 것에 적극적인 면과 소극적인 면, 즉 상호 보완적인 두 가지 측면이 있다는 것임이 분명하다. 거룩하게 된다는 것은 모든 형태의 악으로부터 분리되는 것이다. 이것이 우리가 흔히 '성화'라는 단어를 사용할 때 생각하는 바다. 하지만 거룩하게 된다는 것은 하나님이 우리를 부르신 특정한 사역을 위해 구별되는 것이기도 하다. 바로 이런 의미에서 예수님은 우리를 위해 자신을 구별하셨다. 즉 우리를 찾아 구원하시기 위해 세상에 오신 것이다. 우리 역시 세상에서 선교하기 위해 구별되었다 혹은 '거룩하게 되었다.' 사실상 우리는 "세상을 섬기기 위해 세상으로부터 구별되었다"고 묘사할 수 있다.[6]

18절에서(요 20:21에서와 마찬가지로) 예수님은 그분의 선교와 우리의 선교를 의도적으로 나란히 언급하신다. "아버지께서 나를 세상에(into) 보내신 것같이 나도 그들을 세상에(into) 보내었고." 그렇다면 예수님은 어떤 의미에서 자신의 선교가 우리의 선교의 모델이 되도록 하셨을까? 물론 그 둘 사이에는 엄청난 차이가 있다. 그분이 세상에 보냄 받은 것은 성육신과 속죄 사역 둘 다를 포함하지만, 우리는 하나님이 아니기 때문에 '육신이 되거나' 죄인들을 위해 죽을 수 없다. 그렇지만 우리가 그분과 같이 세상 속으로 보냄 받았다는 사실은 선교에 대한 우리의 이해를 정립해 준다. 선교는 다음과 같은 것들을 포함하게 된다.

- 그리스도의 권위 아래 있는 것(우리는 자원한 것이 아니라 보냄 받은 것이다).

- 그분이 우리의 세계에 들어오신 것처럼 우리가 실제로 다른 사람들의 세계에 들어갈 때 특권과 안전과 안락과 초연함을 포기하는 것.
- 그분이 그러셨던 것처럼 종이 되기 위해 우리 자신을 낮추는 것.[7]
- 우리가 보냄 받은 적대적인 세상에게 미움받는 고통을 견디는 것(14절).
- 사람들이 있는 곳에서 그들과 복음을 나누는 것.

연합(20-26절)

예수님의 예언자적 눈은 이제 사도 시대 이후 미래를 내다보신다. 그분은 사도들처럼 자신의 육체를 보거나 음성을 듣지는 못하지만 사도들의 가르침을 통해 자신을 믿게 될, 앞으로 올 세대의 제자들을 내다보고 계셨다. "내가 비옵는 것은 이 사람들[사도들]만 위함이 아니요 또 그들의 말로 말미암아 나를 믿는 사람들도 위함이니"(20절). 이는 우리를 포함하여 모든 시대와 장소의 그리스도인을 의미한다. 사실 우리는 부모나 목사, 전도자, 교사, 혹은 친구의 증거를 통해 예수님을 믿게 되었을 것이다. 그러나 그들의 증거는 이차적인 증거, 곧 그들 자신의 경험으로부터 사도들의 일차적 증거를 승인한 것이었다. 사도들은 예수님을 눈으로 직접 목격한 사람들로서 그분이 자신과 함께하도록 특별히 택하신 사람들이기 때문에, 보고 들은 것을 증거할 수 있었다. 진정한 그리스도는 사도들이 증거했으며 지금은 신약에 보존되어 있는 그리스도 한 분뿐이다. 사도 시대 이래 모든 신자들은 "그들의 말로 말미암아" 예수님을 믿어 왔다.

그렇다면 예수님은 세계 도처에서 모든 시대에 자신을 믿는 모든 사람에게 무엇을 바라실까? 이에 대해서는 의문의 여지가 없다. 그분이 세 번에 걸쳐 그것을 표현하셨기 때문이다.

21절 상반절: "그들도 다 하나가 되어"
22절 하반절: "그들도 하나가 되게 하려"
23절 상반절: "그들이 완전히 하나가 되게 하려는 것"(새번역)

이 내용은 잘 알려진 간구다. 그러나 그리스도가 기도하신 연합의 본질은 보통 잘 이해되거나 알려지지 않았다. 그분은 연합의 두 가지 측면을 강조하셨다.

첫째, 그분은 자기 백성들이 사도들과 **연합**하게 해 달라고 기도하셨다. 20-21절 상반절에 기록된 것을 눈여겨 살펴보라. "내가 비옵는 것은 이 사람들만 위함이 아니요 또 그들의 말로 말미암아 나를 믿는 사람들도 위함이니…그들도 다 하나가 되어." 우리는 예수님이 두 집단의 사람들을 구별하신다는 것을 이미 살펴보았다. "이 사람들"(그분 주위에 있는 소수의 사도)과 "저 사람들"(그 후에 나타날 모든 신자의 거대한 집단)이다(RSV와 NEB). 그리고 나서 그분은 "그들도 다"—이는 "이 사람들"과 "저 사람들"을 모두 의미하는 것이 분명하다—"하나가 되게" 해 달라고 기도하신다.

다시 말해, 예수님의 기도는 우선 무엇보다도 사도들과 사도 이후의 교회 사이의 역사적 연속성이 있게 해 달라는 것이었다. 그분은 교회의 믿음이 변하는 세월에 따라 변하지 않고 계속 똑같이 유지되게 해 달라고 기도하신다. 그분은 모든 세대의 교회가 사도들의 메시지와 선교에 충성함으로써 '사도적'이라는 호칭을 받을 만하게 해 달라고 기도하신다. 그렇다면 그리스도인의 연합은 사도들의 가르침을 우리에게 전달해 주는 신약성경을 통한 사도들과의 연합으로 시작된다. 이것이 없으면 교회의 연합은 기독교적 차별성을 띠지 못할 것이다.

둘째, 예수님은 그분의 백성이 **성부와 성자와 연합**하게 해 달라고 기도하셨다. 21절에 있는 구두점에 대해서는 논란이 많지만, 대부분의 영어 번역본은 두 번째 어구를 새로운 문장의 시작으로 본다(한글 개역개정 성경은 21절 전체를 한 문장으로 번역했다 — 옮긴이). 우리는 그것을 다음과 같이 번역할 수 있을 것이다. '아버지여, 아버지께서 내 안에, 내가 아버지 안에 있는 것같이, [내가 기도하오니 그들이] 또한 우리 안에 있게 하사 세상으로…믿게 하옵소서.' 이 간구가 함축하는 것은 어마어마하다. 예수님은 자기 백성과 하나님의 연합이 신성 안에서의 성부와 성자의 연합에 비할 수 있는 것이 되게 해 달라고 기도하시기 때문이다. 그분은 23절에서 계속 말씀하신다. "내가 그들 안에 있고, 아버지께서 내 안에 계신 것은, 그들이 완전히 하나가 되게 하려는 것입니다"(새번역).

그렇다면 그리스도가 기도하신 그리스도인의 연합은 일차적으로 서로서로의 연합이 아니라, 사도들과의 연합(공동의 진리)이며 성부 및 성자와의 연합(공동의 생명)이었다. 교회의 가시적이고 구조적인 연합은 적절한 목표다. 그러나 그것은 더욱 심오한 어떤 것, 즉 진리와 생명 안에서의 연합에 대한 가시적 표현일 때만 하나님을 기쁘시게 할 것이다. 그러므로 우리가 교회 연합에 관심을 가질 때, 사도들이 전한 진리와 성령을 통한 신적인 생명을 추구하는 것보다 더 중요한 것은 없다. 윌리엄 템플이 말했듯이, "기독교계가 연합할 수 있는 길은 회의실을 가로질러 놓여 있지 않다. 비록 회의실에서 이루어져야 할 공식적인 작업이 있긴 하지만 말이다. 그 길은 예수님과 성부의 연합에 견줄 수 있을 만큼 깊고 생생한 주님과의 개인적 연합을 가로질러 놓여 있는 것이다."[8]

세상이 예수님을 믿도록 할 만한 연합(21절과 23절)은 바로 이런 연합(진리와 생명을 공유하는 것)이다. 실로 예수님이 그분의 백성들의 연합을 위해 기도한 주된 이유는 바로 세상이 예수님의 신적 기원과 선교를 믿게 하기 '위함'이다. 그분은 세상도 자신을 '믿을' 수 있도록 미래에 자신을 '믿을' 모든 사람이(20절) 그러한 진리와 생명의 연합을 누리게 해 달라고 기도하신다. 이렇게 해서 믿음은 믿음을 낳고 신자들은 늘어나게 된다.

예수님은 기도의 마지막 구절들(24-26절)에서 역사를 넘어 영원을 보신다. 그분의 백성들의 연합은 하늘나라에 가서야 완성될 것이기 때문이다. 그들은 그분의 영광을 볼 것이며(24절), 성자께서 성부를 계시하신 결과, 그들은 그들 안에서 성부께서 성자를 사랑하신 것과 똑같은 사랑과 성자의 내주하심을 경험하게 될 것이다(26절). 성부와 성자와 교회가 사랑 가운데 있는 것을 포함하는 이런 궁극적 연합은, 우리로서는 도저히 상상할 수 없는 것이 분명하지만 겸손한 마음으로 열렬히 바랄 수는 있다.

그렇다면 예수님의 기도는 보통 이해되는 것보다 훨씬 더 포괄적이다. 그것은 교회의 진리("아버지의 이름으로 그들을 보전하사"), 거룩함("악에 빠지지 않게 보전하시기를"), 선교("그들을…거룩하게 하옵소서.…나도 그들을 세상에 보내었고"), 연합("그들도 다 하나가 되어")을 위한 기도다.

현대 교회의 비극 가운데 하나는 이런 그리스도의 총체적인 비전을 세분화해서 그분의 관심사 중 이것 혹은 저것을 택하고 다른 것들은 제외시켜 버리는 것이다. 그러나 대주교 마이클 램지가 말했듯이 "하나의 고립된 개념으로서의 연합에 집중하는 것은 세상을 그릇 인도하고 우리를 그릇 인도할 수 있다. 실로 자기들만 거룩하다거나 자기들만 진리를 가졌다고 주장하는 운동과 마찬가지가 될 것이다."

20세기의 교회들이 주로 몰두해 온 일은 구조적 연합을 추구하는 것이었다. 그러나 그들은 종종 진정한 연합을 이루어 주는, 그리고 그 연합을 자라게 하는 수단인 진리와 생명은 그만큼 추구하지 않았다.

또 어떤 교회들은 진리(교리적 정통성)에 몰두하는데, 때로 그 과정에서 무미건조하고 가혹하며 사랑이 없게 되어, 진리가 거룩함으로 아름답게 장식되어야 한다는 것을 잊어버린다.

또 어떤 사람들은 거룩함, 곧 교회의 내적 생활 상태를 가장 중요하게 여기는 듯하다. 그러나 이런 사람들은 때로 자기중심적인 경건으로 칩거하여 우리가 세상으로 다시 보내지기 위해 세상에서 부름받았다는 것—이것이 '선교'다—을 잊어버린다.

그래서 네 번째 집단은 선교에만 집착한다. 그러나 그들은 예수님의 백성이 진리와 거룩함과 사랑 안에서 하나가 될 때에만 세상이 예수님을 믿게 되리라는 것을 이따금 잊어버린다.

진리와 거룩함과 선교와 연합은 예수님의 기도에서 한데 결합되어 있었으며, 오늘날 우리가 교회 갱신을 추구할 때도 계속 결합되어 있어야 한다. 나는 예루살렘의 성령 충만했던 초대교회에서 그러한 것들을 탐지해 낼 수 있다고 생각한다. 사도행전 2장 42절, 47절을 보면 "그들이 사도의 가르침을 받아"(진리), "서로 교제하고"(연합), "떡을 떼며 오로지 기도하기를"(그들의 거룩함을 표현하는 예배) 힘썼으며, "주께서 구원받는 사람을 날마다 더하게 하시니라"(선교)고 쓰여 있다. 또한 니케아 신경에 나오는 교회의 네 가지 전통적 '특색들'과 '표지들', 즉 교회는 '하나이고, 거룩하며, 보편적이고, 사도적'이라는 것에도 똑같은 특징이 있다고 보는 게 타당해 보인다. 왜냐하면 '보편적'이라는 말은 모든 진리를 포괄하는 개념을, '사도적'이라는 말은 사도적 선교에 헌신하는 비전을 포함하기 때문이다.

하나님이 결합하신 것을 우리가 나누지 않는 것이 중요하다. 그 대신 우리는 이 네 측면 모두에서 동시에 교회 갱신을 추구해야 한다. 그래서 영단번에 교회에 맡겨진 계시를 신실하게 지키고, 교회가 보전하고 있는 진리로 거룩하게 되고 연합하며, 증거하고 섬기는 선교를 위해 담대하게 세상으로 나가야 할 것이다.

팀 체스터의 성찰 질문

1. 그리스도인들이 '그리스도께 속해 있고' '아버지를 알며' '세상에서 산다는'(요 17:6-11에 나와 있듯이) 것을 알면 무엇이 달라지는가? 이 진리 중 하나를 소홀히 한다면 어떤 일이 일어날까?
2. 예수님이 세상에 보내심을 받은 것처럼 세상에 보내심 받는다는 것은 무슨 의미인가?(요 17:18)
3. 존 스토트는 참된 기독교적 연합은 사도들과의 연합(공동의 진리)이며 성부와 성자와의 연합(공동의 생명)이라고 주장한다. 그러면 연합을 추구하기 위해 어떤 실제적 단계들을 취할 수 있을까?
4. 존 스토트는 교회 갱신의 네 요소를 밝힌다. 진리, 거룩함, 선교, 연합이다. 이 중 어느 하나에만 집중하고 다른 것들은 무시하는 교회 혹은 운동체를 생각할 수 있는가?
5. 진리, 거룩함, 선교, 연합이라는 네 요소 중 당신의 교회에서 가장 강력한 것은 무엇인가? 당신들 가운데서 역사하시는 하나님께 감사하라.
6. 진리, 거룩함, 선교, 연합이라는 네 요소 중 당신의 교회에서 가장 약한 것은 무엇인가? 이 분야에서 새롭게 되기 위해 어떤 단계를 취할 수 있을까?

4

교회의 목회자

교회의 안수받은 목회자들을 고려하지 않은 채 교회 생활과 선교와 갱신을 생각하기란 어려울 것이다. 신약을 보면 하나님은 언제나 교회가 모종의 목회적 감독을 받도록 하신다는 것을 분명히 알 수 있기 때문이다. 더구나 어느 교회든 교회의 상태는 그 교회 목회 사역의 질에 크게 좌우된다. 리처드 백스터(Richard Baxter)가 진기하게 표현했듯이 "만일 하나님이 목사들을 개혁하시기만 한다면, 그래서 그들이 의무를 열심히 성실하게 수행하기만 한다면 사람들은 분명 개혁될 것이다. 모든 교회는 목사들의 향상과 쇠퇴에 따라 향상하고 쇠퇴한다. 부나 세상적인 성공 면에서 그렇다는 것이 아니라 지식과 열심과 일을 수행하는 능력 면에서 그렇다는 것이다."[1]

그러나 현대에는 안수받은 사역자들의 본질과 기능에 대해 많은 혼동이 있다. 그들은 제사장인가, 선지자인가, 목자인가, 설교자인가, 심리 치료사인가? 그들은 행정가인가, 일을 촉진하는 사람인가, 사회사업가인가? 데이비드 헤어(David Hare)의 수상작인 연극 〈경쟁하는 귀신〉(*Racing Demon*)은 남부 런던에 있는 성공회 성직자 팀을 묘사한다. 그들은 성직자의 사역에 대해 저마다 다른 개념을 갖고 있다. 팀의 관할 사제인 라이오넬 엡시(Lionel Epsy)는 온유하지만 무능력한 편인데, 자기 사역을 이렇게 생각한다. "우리의 일은 주로 배우는 것이다. 일하는 보통 사람들에게서 배우는 것이다. 우리는 그들을 이해하고 섬기려 애써야 한다."[2] "실제로 그것은 주로 분노에 귀를 기울이는 것"과 샌드백처럼 그것을 받아들이는 것이다.[3] 그와는 완전히 반대로 젊고 카리스마 넘치는 보좌 신부인 토니 페리스(Tony Ferris)는 굉장히 자신만만하다. 그는 "나는 이처럼 엄청난 권력을 갖고 있다"고 주장하는데, 이로 인해 그는 주위에 "자신감을 퍼뜨릴" 수 있게 된다. 그러나 다른 사람들을 희생시켜 가면서까지 그렇게 한다.[4] 다른 인물들은 그보다 소박한 기대감을 품고 있다. 교구 주교는 성찬식 집행을 강조한다. "결국 그것이 당신이 거기에 있는 이유다. 사제로서 당신에게는 오직 한 가지의 의무가 있을 뿐이다. 그것은 뭔가 볼거리를 제공하는 것이다."[5] 뛰어난 외교가인 속교구 주교는 자기 일의 핵심을 "문제들이 쟁점화하는 것을 막는 것"이라고 본다.[6] 테너가 되어 노래하고 술에 취하기도 하며 자신을 "행복한 사제"라고 묘사하는 도널드 베이컨(Donald Bacon, '줄무늬 베이컨')에게는 복잡할 것이 하나도 없다. "모든 일이 아주 분명하다. 그는 거기에 있다. 사람들의 행복 속에."[7] 동성애자 성직자인 해리 헨더슨(Harry Henderson)은 조금 더 야심적이다. "사람들의 현재 모습이 있다. 그리고 사람들이 될 수 있는 모습이 있다. 성직자의 일은 이 두 가지가 조금 더 가까워지도록 잡아당기는 것이다."[8] 한편, 진지한 불가지론자 소녀인 프랜시스 파넬(Francis Parnell)은 성직을 "한 인간을 소모시키는 것⋯언제나 꿈을 꾸도록 만드는 것"으로 본다.[9]

어떤 사람들은 세속 사회에서 성직자의 입지가 줄어드는 것을 보면서, 그리고 그리스도의 몸 안에서 각각의 지체가 모두 사역자라는 바울의 비전을 기뻐하면서, 더 이상 안수받은 사역자들이 필요한지 의문을 제기하며, 그들이 없다면 교회가 더 건강해질 것이라고 주장한다. 또 어떤 사람들은 그 반대의 반응을 보인다. 신학적 근거 때문이든 실용적 근거 때문이든, 그들은 성직자들을 받들어 모시거나 아니면 적어도 성직자들이 스스로 그런 대접을 받으려 할 때 그것을 묵인해 준다. 그렇게 되면 사역의 고삐가 전적으로 그들의 손에 있게 되고, 거의 불가피한 결과는 성직자들이 몰락하거나 평신도들이 좌절하거나 아니면 그 둘 다다.

오랜 역사에 걸쳐 교회는 교권주의(성직자들이 평신도들을 지배하는 것)와 반교권주의(평신도들이 성직자들을 멸시하는 것)라는 양극단 사이를 왔다 갔다 했다. 그러나 신약은 이 두 경향 모두를 경고한다. 여러 지도자를 놓고 인물 숭배를 해 온 고린도 교인들에게 바울은 이렇게 훈계한다. "너희는 우리가 무엇이라고 생각하기에 우리에게 그처럼 지나친 경의를 표하느냐? 우리는 너희에게 믿음을 주시기 위해 일하시는 하나님의 종들일 뿐이다."[10] 그러나 자신의 지도자들을 경멸하는 다른 사람들에게 바울은 그들을 "존중하고"(개역개정에는 '알고'— 옮긴이) "그들의 역사로 말미암아 사랑 안에서 가장 귀히 여기"라고 썼다.[11] 또한 "미쁘다, 이 말이여. 곧 사람이 감독의 직분을 얻으려 함은 선한 일을 사모하는 것이라 함이로다"[12]라고도 썼다. NEB에 따르면 "지도력을 열망하는 것은 고귀한 야망"이다.

그렇다면 안수받은 성직자의 본질과 기능은 무엇인가? 일반적으로 교회는 그 사역을 일차적으로 하나님을 향한 것으로 보느냐 아니면 교회를 향한 것으로 보느냐에 따라 두 가지 대답을 내놓았다. 한편으로는 제사장적 모델이 있다. 이 모델에서 사역은 사람들을 대신하여 하나님을 향해서 행해진다. 다른 한편으로 목회자적 모델이 있는데, 이는 하나님을 대신하여 사람들을 향해서 사역하는 것이다.

제사장적 모델

로마가톨릭과 정교회는 성직자를 제사장으로 본다. 특히 성찬식에서 그들이 행하는 역할과 관련해서 그렇다. 루터 교회와 영국 성공회 역시 전통적으로 성직자를 사제(priest)로 부르지만, 다른 이유에서 그렇게 부른다. 트렌트공의회에서 로마가톨릭 교회는 미사를 드릴 때 하나님께 진짜 화목제가 드려지며, 그것을 드리는 인간 제사장은 스스로 속죄물이 되신 그리스도를 대표한다고 주장했다.[13] 이런 가르침의 핵심은 제2차 바티칸공의회 때 승인되었다. 거기에서는 제사장들이 "제사를 드릴 신성한 성직의 능력을 부여받았다"[14]고 말했다. "그들은 미사를 드릴 때 특별한 방법으로 신성하게 그리스도의 희생을 드린다."[15] 그들이 그리스도를 대표할 뿐 아니라 하나님의 백성을 대표한다고 말하는 것은 사실이지만, 이런 제사장직의 핵심은 여전히 성찬식 때 희생 제사를 드리는 것으로 이해된다.

모든 교회 전통보다 성경의 가르침을 우위에 놓는 개신교 그리스도인들은 이를 받아들일 수 없다. 신약에서는 그리스도인 지도자들을 결코 '제사장들'이라고 부르지 않으며 성찬식을 결코 희생 제사라고 언급하지 않는다는 사실 때문이다. 희생 제사를 드리는 제사장에 해당하는 헬라어(*hiereus*)는 신약에 여러 번 나온다. 이교의 제사장을 가리키는 데 한 번 사용되었고,[16] 복음서와 사도행전과 히브리서에서는 유대의 제사장들을 가리키는 데 서너 번 사용되었다. 이 단어는 또한 우리 죄를 위해 단번에 자신을 드리신 위대한 대제사장 주 예수님께도 적용된다.[17] 그리고 그것은 또한 '하나님의 제사장들'인 그리스도인들에 대해서도 사용된다.[18] 이것이 종교개혁가들이 그처럼 강조했던 '만인 제사장직'이다. 우리는 집단적으로 "예수 그리스도로 말미암아 하나님이 기쁘게 받으실 신령한 제사"를 드리는 왕 같은 거룩한 "제사장"이다.[19] 이 제사가 무엇인지 묻는다면, 그것들은 모두 교회 예배의 일반적인 항목에 속한다. 여기에는 우리의 몸,[20] 우리의 기도와 찬미와 통회,[21] 우리의 헌금과 선행들,[22] 하나님을 섬기는 일에 드린 우리의 삶,[23] 우리가 회심시킨 자들을 '하나님께서 받으실 만한 제물'로 드리는 복음 전도[24]가 포함된다. 이런 여덟 가지 제사를 거룩한 제사장의 직무를 지닌 전체 교회가 하나님께 드린다. 하지만 제사장적 언어나 비유적 표현이 옛 언약의 제사장직에 해당할지도 모르는 특정한 그리스도인 지도자 집단에 대해 사용된 적은 단 한 번도 없다.

레위인의 제사장직이 오랜 세월 이스라엘의 삶과 예배의 중심이었으며 예수님이 살던 당시 팔레스타인 유대인들에게도 그랬다는 것을 감안하면, 그리스도인 지도자들이 결코 제사장들이라고 불리거나 제사장에 비유되지 않은 것에는 분명 어떤 의도가 있었을 것이다. 19세기 신학자 찰스 하지(Charles Hodge)는 다음과 같이 말했다.

> 그들[즉 그리스도인 사역자들]에게는 온갖 존귀한 칭호가 아낌없이 주어졌다. 그들은 영혼의 감독, 목자, 교사, 지배자, 통치자, 하나님의 종 혹은 사역자라고, 하나님의 비밀을 맡은 자이며, 파수꾼, 사자라고 불렸다. 그러나 제사장이라고 불린 적은 결코 없다. 성경을 받아쓴 사람들이 유대인들—그들에게는 제사장이라는 말보다 더 익숙한 말이 없었고, 그들의 종교적 사역자들은 계속 제사장이라고 불렸다—이었는데도, 그들이 그 단어나 그것과 같은 어원을 가진 어떤 단어라도 한 번도 사용하지 않았다는 사실은… 거의 기적과 다름없다. 그것은 성경의 침묵이 곧 엄청나게 많은 것을 말해 주는 경우 중 하나다.[25]

영국 성공회를 포함한 일부 개혁교회들이 'priest'라는 명칭을 유지한 이유는 '제사장'에 해당하는 영어 단어(priest)가 presbyter라는 단어에서 유래되기 때문이다. 그러므로 그것은 '히에레우스'(제사장)가 아니라 '프레스뷔테로스'(*presbyteros*, '장로')를 번역한 것이다. 'priest'라는 말이 사용된 것은 'presbyter'라는 말이 당시에 일반적으로 쓰이는 단어가 아니었기 때문이다. 동시에 종교개혁가들이 뜻이 분명한 단어인 'presbyter'를 선호했을 것이라는 증거가 있다.[26] 예를 들어 장 칼뱅은 『기독교 강요』에서 로마의 주교들이 "사람들을 이끌고 먹이는 목사들(presbyters)이 아니라 제사 의식을 수행하는 제사장들(priests)을" 만들어 냈다고 불평했다.[27] 영국에서 리처드 후커(Richard Hooker)는 기도서에 '제사장'(priest)이라는 단어가 계속 사용된다는 청교도들의 비판에 답하면서 자신은 목사(prestbyter)라는 단어를 더 선호함을 표명한다. 그 이유는 "실제로 presbyter라는 단어가 priest보다 예수 그리스도의 전체 복음의 취지에 더 잘 들어맞는 것처럼 보이고, 또 말의 적절성 면에서도 더 동의하기 쉽기 때문이다"[28]라고 썼다. 오늘날에는 'priest'가 'presbyter'의 단축어라는 것을 아는 사람이 거의 없으며, 'presbyter'를 생각하면서 'priest'라고 말하는 정신 훈련을 받을 수 있는 사람은 더욱 없다. 그러므로 우리의 어휘에서 'priest'라는 단어를 아예 없애 버리는 게 신학적 명료성에나 성경적 충실함에나 더 나을 것이다. 그러면 우리는 남인도와 북인도와 파키스탄의 연합 교회들이 지혜를 발휘한 것처럼, 안수받은 사역자를 '감독(bishops, 주교), 장로(presbyters, 사제), 집사(deacons, 부제)' 등 셋으로 나누어 부를 수 있을 것이다.

우리는 (성경에 따라) '제사장직'의 본질이 무엇인지 규정하고, 구약의 제사장들이 또한 목회자였음을 기억해야 한다. 그들은 이중 역할을 수행했다. 한편으로 그들은 제사장으로서 하나님을 향한 사역을 했다. "대제사장마다 사람 가운데서 택한 자이므로 하나님께 속한 일에 사람을 위하여."[29] 이런 자격으로 하나님께 접근하거나 가까이 나아가는 것,[30] 제사를 드리는 것,[31] 간구를 하는 것[32]은 그들의 특권이었다. 다른 한편으로 그들은 목회자로서 사람들을 향한 사역을 했다. 이런 자격으로 그들은 사람들의 복지에 관심을 쏟고, 그들에게 율법을 가르쳤으며,[33] 사람들을 축복했다. 즉 그들에 대한 하나님의 복을 구하거나 그것을 선언했다.[34] 그리고 그들은 재판장 역할을 하며 결정을 내렸다.[35]

십자가 사건 이후, 속죄를 위한 제사는 더 이상 드려지지 않는다. 그 외에 남아 있는 하나님을 향한 제사장적 특권은 그리스도의 사역을 통해 하나님의 모든 백성이 유업으로 받게 되었다. 우리는 모두 하나님께 가까이 나아갈 수 있으며[36] "예수의 피를 힘입어 성소에 들어갈 담력을 얻[는다]."[37] 우리는 모두 예배라는 "신령한 제사"를 드리도록 권유받는다.[38] 그리고 우리는 모두 서로를 위해 기도해야 한다. 지금은 이런 사역들 중 어느 것도 구약 시대에 그랬던 것처럼 특권층, 즉 평신도와 구분되는 성직자층에만 속해 있지 않다. 이 중보 기도 사역이 성직자들의 특별한 책임이라고 주장할 수도 있지만[39] 중보 사역이 성직자에게 국한된 독특한 '제사장적' 사역이라고 주장할 수는 없다.

구약 시대에 제사장과 선지자는 서로를 보완했다. 두 사역 모두 서로 반대되는 방향이긴 했지만 대표성을 지니고 있었다. 제사장은 특히 희생 제사를 드릴 때 하나님을 향한 백성들의 대표였다. 선지자는 특히 신탁을 말할 때 사람들을 향한 하나님의 대변인이었다. 하지만 새 언약에서 이런 이중 중재 사역은 예수 그리스도 한 분만이 수행하신다. 우리는 그리스도를 통해 하나님께 나아가며, 하나님은 그리스도를 통해 우리에게 말씀하신다. 예수님은 우리가 즐거이 하나님께 나아갈 수 있게 하는 유일한 제사장이며, 우리가 하나님에 대한 지식을 누릴 수 있게 하는 유일한 선지자시다. 인간 중재자는 더 이상 필요하지 않다.

그래서 신약 시대에 성직자에게 맡겨진 임무는 구약 시대 제사장의 목회적 사역, 즉 하나님 백성의 영적 행복을 위해 돌보는 책임, 그리고 특히 가르치는 역할이다. 구약 시대에 제사장이 목회자였다는 점을 감안하면 신약 시대에도 목회자를 제사장이라고 부를 수는 있을 것이다. 하지만 목회적 직무에는 독특한 제사장만의 특징이라고 할 만한 것은 없으며(아마 중보 기도를 제외하고는), 실제로 우리가 살펴보았듯이 예수님도, 사도들도, 목회하는 지도자들을 제사장이라고 부른 적은 한 번도 없다.

그러나 하나님은 그분의 교회에 목회자는 두기 원하신다. 돌보고 가르치는 목회적 책임이 모든 하나님의 백성에게 어느 정도 있는 것은 사실이다. 우리는 "피차 가르치며 권면하고" "짐을 서로 지[도록]" 부름받았기 때문이다.[40] 그럼에도 불구하고 신약성경은 각각의 교회에는 일단의 장로들 혹은 지도자들이 있을 것이며 그들의 주된 임무는 하나님의 양 떼를 돌보는 것, 특히 그들

을 먹이는 것 즉 가르치는 것이라고 분명히 전제한다.[41]

목회자적 모델

'목회자'(pastor)는 '목자'(shepherd)라는 의미이고, 그 이미지는 오늘날의 급격히 발전하는 도시 사회와는 다른 농촌을 배경으로 나온 것이다. 그래서 교회의 지도자들을 나타내는 좀더 적절한 용어를 찾을 필요가 있다는 제안이 때때로 나오곤 한다. 유리와 콘크리트로 된, 깎아지른 수직 빌딩에 사는 도시의 아파트 거주자들은 양과 목자에 대해서 거의 모른다. 그렇지만 우리 대부분이 잃어버린 양을 찾아 구원하러 오신, '선한 목자'라고 자신을 묘사하신 예수 그리스도의 자화상을 내버릴 준비가 되어 있는지는 의문이다. 또한 그런 비유적 표현을 나타내는 찬송가들, 이를테면 "여호와는 나의 목자시니 내게 부족함이 없도다"나 "나의 목자 사랑의 왕이시니" 같은 노래를 그만 부르지도 않을 것 같다.

예수님은 무리를 보시고 민망히 여기셨다고 한다. "그들이 목자 없는 양과 같이 고생하며 기진[했기]"[42] 때문이다. 목자 없는 양은 지금도 여전히 그분의 비탄과 관심을 불러일으킬 것이다. 궁극적으로 그들의 목자는 예수님이시다. 그러나 그분은 부목자들에게 책임의 일부를 위임하셨다.[43] '목자들과 교사들'은 지금도 그분이 교회를 풍성하게 하시려고 주시는 은사들 가운데 하나다.[44] 사실 모든 그리스도인의 사역은 그리스도로부터 유래된다. 그분의 사역이 원형이다. 그분은 "섬김을 받으려 함이 아니라 도리어 섬기러"⁴⁵ 오셨던 참된 종이시다. 그리고 그분은 이제 우리가 그분을 따라 그런 섬김의 길을 걸으라고 부르신다.⁴⁶

예수님은 자신을 "선한 목자"⁴⁷라고 부르신다. 신약의 다른 곳에서 그분은 "목자장", "양들의 큰 목자", "너희 영혼의 목자와 감독 되신 이"라고 불린다.⁴⁸ 만일 목회자가 부목자라면, 선하고 크신 목자장의 대역을 하는 것이 지혜로울 것이다. 예수님은 목회 사역의 모든 주요 원리를 가르치시고 모범을 보이셨기 때문이다. 선한 목자의 본을 따라 사역하는 선한 목회자는 적어도 다음과 같은 일곱 가지 특징을 지닌다.

첫째, 선한 목자는 그의 양을 안다. "자기 양의 이름을 각각 불러…나는 선한 목자라. 나는 내 양을 알고 양도 나를 아는 것이 아버지께서 나를 아시고 내가 아버지를 아는 것 같으니."⁴⁹ 고대 중동의 목자는 현대 세계 여러 지역의 목자들과는 매우 달랐다. 서구에서 양은 주로 양고기를 얻기 위해 사육되기 때문에 수명이 짧고 목양업자와 개인적 관계를 맺지도 않는다. 그러나 팔레스타인에서는 양모를 얻기 위해 양을 사육한다. 그래서 목자는 그 양들을 수년 동안 돌본다. 그 결과 그들 사이에 신뢰와 친밀함이 발전된다. 목자는 각 양을 알고 그 이름을 부를 수 있는 것이다.

이것이 분명 예수님과 제자들의 관계였다. 예수님은 자기 양들을 개인적으로 알았다. 구약에서 야훼께서 아브라함과 모세와 사무엘과 다른 사람들의 이름을 부르신 것같이, 예수님은 사람들을 개인적으로 아셨고 그 이름을 부르셨다. 나다나엘이 자기에게 오는 것을 보시고 그에 대해 "이는 참으로 이스라엘 사람이

라. 그 속에 간사한 것이 없도다"라고 말씀하셨을 때 나다나엘은 놀라서 "어떻게 나를 아시나이까?"라고 물었다.[50] 또한 예수님은 삭개오의 이름을 부르며 그가 숨어 있던 뽕나무에서 내려오라고 말씀하셨다. 승천하신 후에는 다메섹 도상에서 다소 사람 사울의 이름을 부르셨다.[51] 그리고, 우리가 회심할 때 귀로 목소리를 듣지는 못하지만, 우리 역시 그분이 우리를 개인적으로 부르셨다고 진실로 말할 수 있다.

그래서 아마도 그리스도의 부목자들의 가장 기본적인 첫 번째 특성은 목회자와 성도 사이에서 발전되는 인격적 관계일 것이다. 성도들은 목회자의 고객이나 유권자, 환자, 손님이 아니다. 등록부의 이름들은 더욱 아니며 데이터베이스에 입력되어 있는 번호들은 더더욱 아니다. 우리가 그들을 알고 그들도 우리를 아는, 인격적인 개인들이다. 더구나 각 사람은 자신의 독특한 정체성의 상징인 '고유한' 이름을 가지고 있으며, 진정한 목회자라면 그들의 이름을 기억하기 위해 노력해야 한다. 오래전 나는 주일마다 교회에 함께 나오는 두 할머니의 이름을 기억하는 데 애를 먹었다. 그래서 예배가 끝난 후 인사를 나눌 때, 내가 할 수 있는 최선은 그분들을 "두 분 할머니"(you two)라고 부르며 환영하는 것이었다. 그 두 부인이 편지에 'U2'라고 서명하기 시작했을 때, 내가 얼마나 당황했는지 상상할 수 있을 것이다. "너는 친구들의 이름을 들어 문안하라"고 요한은 썼다.[52]

사람들의 이름을 기억하는 가장 좋은 방법은 이름을 적어 놓고 그들을 위해 기도하는 것이다. 바울이 데살로니가 사람들에게

"우리가 너희 모두로 말미암아 항상 하나님께 감사하며 기도할 때에 너희를 기억함은(끊임없이 언급함은: NIV)"[53]이라고 했을 때, 그 말은 마치 모종의 목록을 갖고 있다는 것처럼 들린다. 분명 사람들의 이름을 마음과 기억 속에 간직하는—다른 어떤 수단보다 더 확실하고 신속한—방법은 기도하는 가운데 그 이름들을 정기적으로 언급하는 것이다. 어떤 사람의 이름을 잊어버린다는 것은 목회자로서 기도를 하지 않았다는 표시일지도 모른다.

예수님은 자기 백성과의 관계가 상호적이고도("나는 내 양을 알고 양도 나를 아는 것이"[54]) 친밀한 것("아버지께서 나를 아시고 나도 아버지를 아는 것 같으니"[55])임을 나타내셨다. 예수님께는 투명할 정도로 솔직하고 순수한 무엇인가가 있었다. 그분은 아무것도 감추지 않으셨다. 그분은 자신을 제자들에게 알리는 것이 참된 우정의 표지라고 말씀하셨다.[56] 이는 물론 목회자가 회중에게 자신의 모든 비밀을 드러내야 한다는 말은 아니다. 하지만 적어도 목회자들은 사생활의 일부를 기꺼이 포기하고, 자신이 다른 모든 사람처럼 연약하고 상처받기 쉬운 존재라는 것을 알리는 희생적이며 겸손한 태도를 취해야 한다.

둘째, 선한 목자는 그의 양을 섬긴다. 예수님은 "나는 선한 목자라. 선한 목자는 양들을 위해 목숨을 버리거니와"[57]라고 말씀하셨다. 그분은 양들의 행복을 위해 헌신하셨고 그분의 전 생애가 그들의 필요에 따라 좌우되었기 때문이다. 이스라엘의 지도자들을 향한 하나님의 주된 불만은 이것이었다. "자기만 먹는 이스라엘 목자들은 화 있을진저, 목자들이 양 떼를 먹이는 것이 마땅하지 아니하냐."⁵⁸ 그런데 양은 특별히 호감이 가는 동물이 아니다. 우리는 털이 많고 귀여운 다소 낭만적인 모습의 양을 마음에 그린다. 그러나 실제 양은 청결에는 별로 관심이 없으며 온갖 종류의 성가신 해충들에게 괴롭힘을 당한다. 그래서 일 년에 서너 번씩은 강력한 화학 용액에 담가야 한다. 양들은 또한 어리석다는 평판을 듣는다. 그렇기 때문에 양을 치는 일은 상당히 더럽고 단조롭고 지루하다. 거기에는 약한 자를 강하게 하고, 병든 자를 고치며, 상한 자를 싸매 주며, 쫓긴 자를 돌아오게 하는 일이 포함된다.⁵⁹

예수님은 자기 양들을 위해 목숨을 버리셨다. 그분은 돈을 벌고자 일을 하는 고용된 일꾼, 즉 '삯꾼'이 아니었다. 그분은 진정으로 양들을 돌보았으며 심지어 그 양들을 위해 자신을 희생하셨다. 오늘날 목회자들의 사역에는 이런 희생과 섬김의 사랑이 필요하다. 사람들은 양처럼 '완고하고 어리석을' 수 있기 때문이다. 어떤 사람들은 요구가 많고 감사할 줄 몰라서 그들을 사랑하기가 어려울 수 있다. 하지만 우리는 그들이 그리스도의 피로 사신 바 되어 성령의 돌보심을 받도록 맡겨진 하나님의 양 떼라는 것을 기억해야 한다.⁶⁰ 그리고 삼위일체의 세 위격이 그들의 복지를 위해 전심전력하고 계시다면, 우리도 분명 그렇게 해야 한다. 우리는 리처드 백스터가 상상했듯이 그리스도께서 우리에게 말씀하시는 것을 들어야 한다. "내가 그들을 위하여 죽었는데, 너는 그들을 돌보지 않겠느냐? 그들은 내가 피를 흘릴 만큼 가치 있는 존재들이었는데, 네가 수고를 들일 만한 가치가 없다는 말이

냐?…그들을 구원하기 위해 내가 그처럼 많은 고난을 당하고 너를 기꺼이 나의 동역자로 만들려 하는데, 너는 네가 책임져야 할 그 작은 것을 거부하겠느냐?"[61]

셋째, 선한 목자는 그의 양을 인도한다. 여기에 동양의 목자와 서양의 목자의 또 다른 차이점이 있다. 서양에서는 목자가 양을 거의 인도하지 않는다. 그들은 양을 지키는 훈련된 개를 이용해 뒤에서 양들을 몬다. 그러나 팔레스타인의 목자들은 자기 양과 친밀한 관계를 맺고 있기 때문에 그들 앞에 서서 걷고, 그들을 부르며, 양들은 그를 따라간다. 국제 복음주의 학생회(International Fellowship of Evangelical Students)의 총무를 지낸 추아 위 히안(Chua Wee Hian)은 몇몇 관광객들에게 이런 전통을 설명해 주던 한 아랍인 여행 안내자에 대해 이야기한다. 그때 관광객들은 안내자의 설명과는 달리 "멀리서 다소 위협적인 몽둥이를 갖고 작은 무리의 양 떼를 몰고 가는 한 사람을 발견해 냈다." 그러면 그 안내자의 설명이 잘못된 것일까? "그는 즉시 버스를 세우더니 들을 가로질러 서둘러 갔다. 몇 분 후 그는 얼굴에 환한 미소를 지으며 되돌아와서 말했다. '여러분, 제가 방금 그 사람과 이야기를 했습니다. 그는 목자가 아닙니다. 사실 그는 도살업자입니다!'"[62]

이스라엘과 야훼의 관계, 특히 그들이 광야를 가로질러 간 것은 양들이 그들의 목자를 따라 움직인 것에 비유된다. "요셉을 양 떼같이 인도하시는 이스라엘의 목자여, 귀를 기울이소서."[63] 경건한 이스라엘 개인들도 야훼를 이렇게 생각했다. "여호와는 나의 목자시니 내게 부족함이 없으리로다. 그가 나를…쉴 만한 물가로 인도하시는도다."⁶⁴ 그래서 선한 목자이신 예수님도 똑같은 묘사를 이어받아 발전시키셨다. "양은 그의 음성을 듣나니 그가 자기 양의 이름을 각각 불러 인도하여 내느니라. 자기 양을 다 내놓은 후에 앞서 가면 양들이 그의 음성을 아는 고로 따라오되."⁶⁵ 여기에는 상호성이 분명하게 나타난다. 선한 목자가 그의 양의 이름을 알면 양도 그의 음성을 알게 된다. 그리스도인의 귀는 그리스도의 음성에 맞추어져 있다. 우리는 그분의 마음과 뜻에 대한 민감성을 개발한다. 우리는 점차 그분을 기쁘시게 하는 것과 불쾌하게 하는 것이 무엇인지 본능적으로 알게 된다. 그래서 우리는 그분이 인도하시고 부르시는 곳으로 따라간다.

그리스도인 목회자들도 이와 비슷하다. 사람들이 안전하게 우리를 따르도록 인도하는 것이 우리의 엄숙한 책임이다. 즉 우리는 사람들에게 일관성 있고 믿을 만한 모범을 보여야 한다. 예수님은 세상에 새로운 형태의 지도력, 즉 힘이 아니라 섬김과 본으로 이끄는 지도력을 도입하셨다. 사도 베드로는 "너희 중에 있는 하나님의 양 무리를 치되…주장하는 자세를 하지 말고 양 무리의 본이 되라"⁶⁶고 말했다. 사실상 선한 동기에서든 악한 동기에서든, 우리가 그것을 좋아하든 싫어하든, 사람들은 우리를 따를 것이다. 많은 양들이 얼마나 분별력이 없는지를 생각하면 놀라울 정도다. 바로 그렇기 때문에, 그들을 잘 인도하고 우리의 설교와 실제 생활 간에 괴리가 없이 좋은 모범을 보여 그들이 길을 잃고 헤매지 않도록 하는 것이 필수적이다.

넷째, 선한 목자는 그의 양을 먹인다. 예수님은 "내가 문이니

누구든지 나로 말미암아 들어가면 구원을 받고 또는 들어가며 나오며 꼴을 얻으리라"[67]라고 말씀하셨다. 목자의 주된 관심사는 언제나 양을 잘 먹이는 것이다. 털을 얻기 위해 사육하든 고기를 얻기 위해 사육하든, 양들의 건강은 영양가 있는 목초지가 있느냐에 따라 좌우된다. 그래서 선한 목자이신 예수님은 탁월한 교사였다. 그분의 교훈이라는 좋은 음식으로 제자들을 먹이셨다.

오늘날 목회자들도 똑같은 매우 중요한 책임을 지니고 있다. 성직에 임명받은 사람들이 하는 일은 본질적으로 하나님의 말씀을 전하는 사역이다. 또 복음의 약속을 극화하는 "눈에 보이는 말씀"(아우구스티누스가 그렇게 불렀듯이)으로 이해되는 성례 사역이다. 목회자는 일차적으로 교사다. 그렇기 때문에 첫째, 감독은 "가르치기를 잘해야" 하며,[68] "미쁜 말씀의 가르침을 그대로 지켜야 하리니 이는 능히 바른 교훈으로 권면하고 거슬러 말하는 자들을 책망하게 하려 함"이다.[69] 목회자들은 사도들의 가르침에 충성해야 하며, 또한 그것을 가르치는 은사가 있어야 한다. 그들이 대중을 가르치든 회중을 가르치든, 집단을 가르치든 개인을 가르치든, 그들의 목회 사역의 특징은 그것이 언제나 하나님의 말씀의 사역이라는 것이다.

오늘날 서구의 맥 빠진 교회에서든 많은 개발도상국들의 활기찬 교회에서든, 강대상에서 신실하고 체계적으로 성경을 강해하는 일보다 더 필요한 것은 없다. 예수님은 베드로에게 "네가 나를 사랑하느냐?"라고 물으셨다. 그러고는 "내 양을 먹이라"고 말씀하셨다.[70] 너무나 많은 회중이 하나님의 말씀이라는 "단단한 음식"⁷¹이 부족해 굶주리고 있다. 우리 목회 사역의 궁극적 목표는 "각 사람을 그리스도 안에서 완전한(fully mature) 자로 세우[는]"⁷² 것이며 또한 "성도를 온전하게 하여 봉사의 일을 하게(더 나은 표현으로는 '그들의 사역의 일을 하게') 하[는]"⁷³ 것이다. 우리의 가르치는 사역을 통해 하나님의 백성을 성숙함과 사역으로 이끄는 것보다 더 고상한 야망은 생각하기 어려울 것이다.

그렇다면 목자는 어떻게 그들의 양을 먹이는가? 엄격히 말해서 그들은 전혀 먹이지 않는다. 갓 태어난 새끼 양이 아프면 목자가 팔에 안고 우유를 먹이는 것은 사실이다. 하지만 일반적으로 목자가 하는 일은 양들을 "좋은 꼴"이나 "좋은 우리"로 이끌어,⁷⁴ 거기서 스스로 꼴을 먹게 하는 것이다. 이런 비유에서 건전한 목회적 교육이 무엇인지 깨닫는 것은 그리 힘든 일이 아니라고 생각한다. 숟가락으로 떠먹이거나 우유병으로 먹이는 것은 그리스도 안에 있는 아기들을 위한 것이다. 목초지에 놓고 기르는 것만이 그들을 그리스도 안에서 성숙하도록 이끌 것이다. 설교자가 성경 본문을 펼쳐 보일 때 그는 사람들이 이 풍성한 목초지에서 스스로 꼴을 먹을 수 있도록 그들을 그 안으로 초대하는 것이다.

다섯째, 선한 목자는 자신이 그들에 대한 특정한 권위를 가지고 있음을 받아들이고 그의 양을 다스린다. 나는 이 측면을 빼버리고 싶은 유혹을 받지만 그러면 진실성이 결여될 것이다. 레슬리 뉴비긴(Lesslie Newbigin) 주교가 "선한 목자의 모습이 감상적으로 다루어지고 있다"고 불평한 것은 옳다.⁷⁵ 고전 헬라어에서 왕은 백성의 '목자'로 알려져 있었으며, 왕-목자의 유비는 구약에서도 드물지 않게 나타난다. 예를 들어 백성이 다윗에게, 하나님이 어떻게 그에게 "네가 내 백성 이스라엘의 목자가 되며 네가 이스라엘의 주권자가 되리라"[76]고 말씀하셨는지를 상기시킨다. 이것은 목회자가 독재자가 되어야 한다는 의미가 아니다. 그럼에도 불구하고 신약에는 장로들의 겸손한 섬김에 대한 강조와 함께, 지도자로서의 역할 즉 그들이 "주 안에서" 지역 교회를 "다스리"는 것에 대한 암시들도 나온다.[77] 회중은 목회자에게 "순종하고 [그들의 권위에] 복종"해야 한다.[78] 물론 그들의 권위는 하나님의 말씀의 사역과 그들이 보이는 본을 통해서 시행되어야 한다.[79] 그리고 신약의 몇 군데 본문으로 보아, 징계를 시행하려면 목회자 혼자서가 아니라 집단적인 지역 교회 회중을 통해야 한다는 것이 분명하다.[80]

여섯째, 선한 목자는 그의 양을 지킨다. 고대 팔레스타인에서 양들의 주된 적은 이리들이었다. 양들은 이리에 맞서 자신을 방어할 능력이 없었다. 만일 목자가 단지 삯꾼이라면 이리가 오는 것을 보고 양을 버릴 것이다. 그는 이리들이 양 떼를 공격하고 흩어 버리게 놓아 둔 채 달아나버릴 것이다.[81] 선한 목자만이 그의 양들을 지키기 위해 생명에 대한 위협도 감수할 것이다.

예수님의 비유를 해석하는 일은 전혀 어렵지 않다. 그분은 다른 곳에서 이렇게 말씀하셨다. "거짓 선지자들을 삼가라. 양의 옷을 입고 너희에게 나아오나 속에는 노략질하는 이리라."[82] 양이 하나님의 백성이며 목자가 그들의 신실한 목회자들이라면, 이리들은 거짓 선지자들이며 삯꾼은 하나님의 백성을 오류에서 보호하기 위해 아무 일도 하지 않는 신실하지 못한 목회자들이다. 슬프게도 그리스도의 양 떼 안에는 오늘날에도 여전히 이리들, 곧 역사적인 기독교 신앙의 기본적인 사항을 일부 부인하는 사기꾼들이 있다. 참된 목회자라면 삯꾼처럼 도망가 버리지 않을 것이다. 그들은 이리들과 맞서 싸울 것이다. 그것은 큰 희생을 치러야 하는 임무다. 목자가 그저 쇳소리를 내며 소리를 지르거나 손을 내젓는 것으로는 이리들을 쫓아 버릴 수 없기 때문이다. 소년 다윗이 사자와 곰을 잡아 물리친 것처럼 목자는 그 이리들과 싸워 물리쳐야 한다.[83] 마찬가지로, 목회자들은 거짓 교사들과 맞붙어 싸우는 고통과 위험을 받아들여야 한다. 막연한 위협으로는 충분하지 않을 것이다. 그 대신에 그들이 주장하는 바를 우리의 교리를 가지고 효과적으로 반격하기 위해 그들의 문헌을 연구하고 그들의 교리를 들으며, 그들이 제기하는 문제들과 씨름해야 한다.

이것은 위험한 사역이지만 또한 필요하고도 연민 어린 사역이다. 우리는 결코 논쟁을 즐겨서는 안 된다. 그것은 언제나 달갑지 않은 의무일 것이다. 우리가 그러한 논쟁에 관여하는 유일한 이유는 양에 대한 연민 때문이다. 고용된 목자는 줄행랑을 쳐 버린다. 그는 "양을 돌보지 아니[하기]"[84] 때문이다. 선한 목자는 오직 자신이 섬기는 사람들의 복지에 깊은 관심을 두기 때문에 교회 안에 있는 오류에 맞설 것이다. 목자 없는 양은 이리들의 먹이가 되기 쉽다. 오늘날 하나님의 양 떼에 대해서도 "목자가 없으므로 그것들이 흩어지고 흩어져서 모든 들짐승의 밥이 되었도다"[85]라고 말해야 하지 않을까? 우리가 '자기 양 떼를 지킬' 만큼 충분히 돌본다면 그렇지 않을 것이다. 우리의 가르침이 항상 긍정적이어야 하고 부정적인 것을 말해서는 안 된다는 이야기가 때때로 나온다. 하지만 그렇지 않다. 예수님도 거짓 교사들을 비난하셨다. 그리고 목회자의 의무는 '바른 교훈'을 가르치는 것뿐 아니라 "거슬러 말하는 자들을 책망[하는 것]"이다.[86] 양을 먹이는 것과 이리를 내쫓는 것은 분리될 수 없다.

일곱째, 선한 목자는 그의 양을 찾는다. 예수님은 "또 이 우리에 들지 아니한 다른 양들이 내게 있어 내가 인도하여야 할 터이니 그들도 내 음성을 듣고 한 무리가 되어 한 목자에게 있으리라"[87]고 말씀하셨다. 예수님이 말씀하시는 "다른 양들"이 외부의 이방인들이라는 것은 분명하다. 그러나 그분은 그들이 "내게 있어"라고, 또 "내가 인도하여야 할 터이니"라고 말씀하실 수 있었다. 우리도 복음 전도를 할 때 이와 같은 확신이 필요하다. 우리가 어디에 살고 어디에서 일하든 거기에 그리스도의 "다른 양들"이 있으며 그들이 이미 하나님의 목적 안에서 그분께 속해 있고 그분이 그들을 인도하시기로 결심하셨다고 확신할 수 있다.

이처럼 소외되고 잃어버린 사람들에게 다가가는 것은 목회자의 사역에서 필수적인 부분이다. 물론 외인들 가운데서 살고 일하는 교회의 평신도들이 더욱 힘써야 할 일이기는 하지만 말이다. 우리는 종종, 잃은 양을 찾는 '전도자'와 찾은 양들을 양육하는 '목회자'를 구분하는 것이 사실이다. 그러나 이들의 사역은 서로 중복된다. 선한 목자이신 예수님이 자기 울타리 밖에 있는 양들을 찾으시면서 자기 울타리 안에 있는 양들을 먹이신다면[88] 그분을 대리하는 부목자들도 그렇게 해야 한다. 우리가 이런 책임을 피한다면 하나님은 다시 한번 이렇게 한탄하실 것이다. "내 양 떼가…온 지면에 흩어졌으되 찾고 찾는 자가 없었도다."[89] 예수님은 우리에게 이렇게 말씀하실 것이다. "나는 잃은 자를 찾아 하늘에서 땅으로 내려왔는데, 너는 그들을 찾으러 옆집이나 거리나 마을로도 가지 않겠느냐?"[90] 반면에 우리가 만일 사람들을 데려오기 위해 밖으로 나간다면 우리는 하늘에서 '죄인 한 사람이 회개한' 것을 기뻐하는 데 동참하게 될 것이다.[91]

그렇다면 이것이 예수님이 묘사하신 아름다운 목회 사역의 모습이다. 잃어버린 양이든 찾은 양이든 양들이 있는 곳이라면 어디든지 그들을 찾고 목양할 목회자가 필요하다. 선한 목자께서 친히 보이신 모범을 따라 인간 목회자들은 하나님의 양 떼를 알고, 섬기며, 인도하고, 먹이고, 다스리고, 그들을 약탈하려는 이리들에게서 지키며, 그들이 길을 잃고 헤맬 때 찾기 위해 노력할 것이다. 그러면 그들이 지상에서 아무런 존귀를 받지 못할지라도, 그들은 목자장이 나타나실 때 그분에게서 "시들지 아니하는 영광의 관"[92]을 받을 것이다.

선한 목자이신 예수님이 본을 보이셨으며 지도자들이 따르기 바라셨던 목회적 이상은 그분이 피하라고 경고하신 두 가지 다른 모델과 상호 보충되어야 한다.

먼저 예수님은 사람들을 "주관하고" 그들에게 "권세를 부리는" 세속 통치자들이 있다고 말씀하셨다. 그분은 "너희 중에는 그렇지 않을지니"라고 강조하여 덧붙이셨다. 그분의 새로운 공동체에서 지도력은 세상의 지도력과는 전적으로 달라야 한다. "너희 중에 누구든지 크고자 하는 자는 너희를 섬기는 자가 되고."[93] 맨슨(T. W. Manson)이 말한 것처럼 "하나님의 나라에서 섬김은 고귀함으로 이르는 디딤돌이 아니다. 섬김이 바로 고귀함이다. 인정받는 유일한 고귀함인 것이다."[94]

둘째, 예수님은 제자들에게 바리새인들을 따라 하지 말라고 촉구하셨다. 바리새인들은 존경받는 자리(연회장에서나 회당에서나)와 존경받는 칭호를 좋아했다. 그것이 사람들의 아첨하는 듯한 존경의 표시였기 때문이다. 예수님은 "그들이 하는 행위는 본받지 말라"고 말씀하셨다. 그리스도인 지도자들은 "아버지"나 "주"(지도자), "랍비"(선생)라고 불리지 말아야 한다. 즉 우리는 교회 안의 어떤 사람에게도 다음과 같은 태도를 취하거나 어떤 사람이 우리에게 다음과 같은 태도를 취하도록 허용해서는 안 된다.

- 어린아이가 자기 아버지에게 하는 것처럼 무력하고 의존적인 태도
- 종이 자기 주인에게 하는 것처럼 비굴한 순종의 태도
- 학생이 자기 교사에게 하는 것처럼 무비판적인 묵인의 태도

예수님은 그렇게 하는 것은 성삼위(아버지이신 하나님, 지도자이신 예수님, 교사이신 성령) 하나님의 특권을 빼앗는 것이며 그리스도인 가족의 형제자매 관계를 망치는 것임을 암시하신다.[95]

여기에는 현대적인 두 가지 다른 유형의 지도력이 나온다. 하

나는 세속적인 것(통치자)이고, 다른 하나는 종교적인 것(바리새인)이다. 이 둘은 구분되기는 하지만 기본적인 특징은 같다. 둘 다 권세와 명성을 갈망한다는 것이다. 오늘날 목회자들이 가장 모방할 가능성이 많은 것은 사업 경영 모델이다. 몇 가지 받아들일 만한 점이 있지만 그것 역시 종종 기독교적이기보다는 세속적이다. 사회에서 목회자의 지위가 하락할 때, 목회자들은 그에 대한 보상으로 교회에서 더 많은 권세와 영광을 요구하지 않도록 주의해야 한다. 기독교 지도력의 본질적 표지는 권위가 아니라 겸손이고 주관하는 것이 아니라 섬기는 것이며 "그리스도의 온유와 관용"[96]이다.

회심하기 전에 정치적 권력이 낯설지 않은 사람이었던 척 콜슨(Chuck Colson)은 이렇게 말한다. "권력의 유혹은 그리스도인 중 가장 단호한 사람이라도 기독교적 지도력의 참된 본질—곧 다른 사람들을 섬기는 것—로부터 분리시켜 놓는다. 단 위에 서서 그 아래 있는 사람들의 발을 씻기는 것은 어려운 일이다."[97] 또한 "사람의 나라와 하나님의 나라를 구분하는 데는 권력 행사를 바라보는 두 나라의 시각보다 더 나은 것이 없다. 전자는 사람들을 통제하려 하고 후자는 사람들을 섬기려 한다. 전자는 자아를 증진하고 후자는 자아를 굴복시킨다. 전자는 명성과 지위를 추구하며, 후자는 낮고 멸시받는 자들을 높이 들어 올린다."[98]

팀 체스터의 성찰 질문

1. 대중문화에서 교회 지도자들은 어떻게 묘사되는가? 이 묘사의 긍정적 측면과 부정적 측면은 무엇인가?
2. 당신은 당신이 속한 교회의 다른 구성원을 얼마나 잘 아는가? 더 많은 사람을 알기 위해 혹은 사람들을 더 잘 알기 위해 무엇을 할 수 있는가?
3. 어떤 식으로 당신은 지역 교회를 섬기고 있는가? 다른 사람들을 섬기기 위해 치러야 하는 대가를 피하고 싶은 유혹은 어떤 식으로 찾아오는가?
4. 히브리서 13장 17절은 우리의 지도자들에게 복종하여 "그들로 하여금 즐거움으로 이것을 하게" 하라고 말한다. 당신은 지도자들의 일이 즐거움이 되도록 어떻게 보장하는가?
5. 목회자가 이리들로부터 그들의 양 떼를 지키는 예를 언제 본 적이 있는가?
6. 지도력에 대한 세속적 접근법으로부터 무엇을 배울 수 있는가? 세상적 지도력 모델을 적용할 때 교회에 손해가 되는 때는 언제인가?

시리즈 결론

지금과 아직

나는 서론을 '그때'(과거)와 '지금'(현재) 사이의 긴장으로 시작했다. 이제 나는 '지금'(현재)과 '아직'(미래) 사이의 또 다른 긴장으로 끝맺고자 한다. 이 두 긴장은 서로 결합되어 있다. 왜냐하면 예수 그리스도 안에서 그리고 그분을 통해, 과거와 현재와 미래는 창조적인 관계에 돌입했기 때문이다. 그리스도인들은 현재를 살고 있지만 과거에 감사하고 미래를 기다린다.

이 책을 결론 맺으면서 나는 균형 잡힌 성경적 기독교에 초점을 맞추고자 한다. 요즘은 어느 영역에서나 균형을 찾아보기 힘들다. 특히 그리스도를 따른다고 고백하는 우리 가운데서는 더욱 그렇다.

마귀에 대한 한 가지 사실은 그가 광적이며 모든 상식과 중용과 균형의 원수라는 점이다. 그가 좋아하는 소일거리 중 하나는 그리스도인들이 균형을 잃도록 하는 것이다. 그리스도를 **부인하도록** 우리를 꾈 수 없다면, 그 대신 마귀는 우리가 그리스도를 **왜**

곡하도록 할 것이다. 그 결과, 한쪽으로 치우친 기독교가 널리 퍼졌다. 그래서 우리는 진리의 한 측면만 지나치게 강조하고 다른 측면은 충분히 강조하지 않는다.

지금과 아직 사이의 긴장을 균형 있게 파악하는 것은 기독교가 하나 되는 데, 특히 복음주의 신자들이 좀더 아름다운 조화를 이루는 데 매우 도움이 될 것이다. 우리는 신앙의 교리적·윤리적 근본 원리들에 대해 동의할 수 있다. 그렇지만 우리에게는 체질적으로 다투고 분열하는 성향, 또는 단지 우리의 고집을 좇아 우리의 제국을 건설하는 경향이 있는 듯하다.

이미 온 하나님 나라와 이제 올 하나님 나라

신약의 기독교에서 근본을 이루는 것은 우리가 '중간기', 즉 그리스도의 초림과 재림 사이, 이미 온 하나님 나라와 앞으로 올 하나님 나라 사이에 살고 있다는 점이다.

이런 긴장의 신학적 기초는 하나님 나라에 대한 예수님의 가르침에서 찾아야 한다. 모든 사람은 예수님의 가르침에서 하나님 나라가 가장 두드러진 특징이었다는 것과 그분이 하나님 나라의 도래를 알리셨다는 점에 대해 의견을 같이한다. 그러나 그 나라의 도래 시기에 관해서는 학자들 사이에서 의견이 갈린다. 예수님이 하나님 나라를 가지고 오셨으니 그것은 이미 온 것일까? 아니면 그 도래는 아직 이루어지지 않은 미래의 일이며 그래서 우리는 기대하는 마음으로 기다려야 할까? 아니면 진리는 이런 입장들 사이 어딘가에 있는 것일까?

알베르트 슈바이처(Albert Schweitzer)는, 하나님 나라가 예수님의 말씀에 따라 전적으로 미래에 온다고 주장한 학자 중 한 명이다. 예수님은 묵시적 선지자로서 하나님이 초자연적으로 간섭하여 그분의 나라를 세울 것이라고 (잘못) 가르쳤다. 예수님이 제자들에게 하신 급진적 요구들은 임박한 하나님 나라의 도래를 고려한 '잠정적 윤리'였다. 슈바이처의 입장은 '철저한' 혹은 '일관된' 종말론이라고 알려졌다.

다른 극단으로 다드(C. H. Dodd)의 견해가 있다. 그는 하나님 나라의 도래가 전적으로 과거의 일이라고 믿는다('실현된 종말론'이라고 알려졌다). 다드는 완료 시제로 되어 있는 두 구절을 매우 강조한다. 그것은 "하나님의 나라가 가까이 왔으니(has arrived)"[1]와 "하나님의 나라가 이미 너희에게 임하였느니라(has come)"[2]라는 것이다. 다드는 미래에 하나님 나라가 임하는 일은 없을 것이며, 그렇게 말하는 본문들은 예수님 자신의 가르침이 아니었다고 결론을 내렸다.

이렇게 완전히 반대되는 극단적 주장들 대신 학자들 대부분은 중간 입장, 곧 예수님은 하나님 나라를 현재의 실재이자 미래에 기대해야 하는 것이라고 말씀하셨다는 입장을 취한다.

예수님은 때가 찼다고,[3] 예수님이 귀신을 쫓아낸 것에서 명백히 알 수 있듯이 "강한 자"는 이제 그의 재산을 약탈당하도록 결박되고 무장해제 당했다고,[4] 하나님 나라는 이미 사람들 "안에" 혹은 그들 '가운데' 있다고,[5] 이제 그 나라에 "들어가거나" 그것을

'받을' 수 있다고[6] 분명하게 가르치셨다.

그러나 하나님 나라는 미래에 기대해야 하는 것이기도 했다. 그것은 마지막 날에 가서야 완전해질 것이다. 그래서 그분은 종말을 고대했으며 제자들에게도 그렇게 하라고 가르치셨다. 그들은 "나라가 임하시오며"[7]라고 기도해야 했으며, 그 나라를 확장하는 데 우선순위를 두고 그것을 먼저 "구해야" 했다.[8] 때로 그분은 또한 제자들이 최종적으로 처하게 될 상태를 하나님 나라에 "들어[간다]"[9] 또는 그것을 "상속[받는다]"[10]라는 말로 표현하셨다.

성경에서 '지금'과 '아직' 사이의, 현재와 미래 사이의 긴장을 표현하는 또 다른 방법은 두 '시대'라는 용어를 사용하는 것이다. 구약의 관점으로 볼 때 역사는 '현재의 이 세상'과 '마지막 날들' 즉 메시아가 가져오시는 의로운 하나님 나라로 나뉜다.[11] 그러나 연속되는 두 시대라는 간단한 구조는 예수님이 오심으로써 결정적으로 바뀌었다. 그분은 새로운 시대를 가져오셨으며, 우리를 현재의 "이 악한 세대"[12]에서 건지시려고 죽으셨기 때문이다. 그 결과, 성부 하나님은 이미 "우리를 흑암의 권세에서 건져 내사 그의 사랑의 아들의 나라로 옮기셨[다]."[13] 우리는 또한 그리스도와 함께 죽은 자 가운데서 살리심을 받았고 하늘에서 그분과 함께 앉았다.[14]

동시에 옛 시대도 계속 존속하고 있다. 그래서 그 두 시대는 서로 중복된다. "어둠이 지나가고 참빛이 벌써 비침이니라." 언젠가 옛 시대는 끝날 것이며(이는 "세상 끝"이 될 것이다),[15] 그리스도의 초림으로 시작된 새 시대는 그분의 재림으로 완성될 것이다. 그

동안 두 시대는 계속되며, 우리는 그 두 시대 사이의 긴장에 끼어 있다. 우리는 "이 세대를 본받지 말고" 하나님의 뜻에 따라, 실제로 빛의 자녀로서 일관성 있게 살기 위해 "변화를 받[으라]"는 명령을 받는다.[16]

그렇지만 긴장은 여전히 남아 있다. 우리는 이미 구원**받았지만** 또한 우리는 언젠가 구원을 **받을** 것이다.[17] 그리고 우리는 이미 하나님의 양자들이지만 또한 양자가 될 것을 기다린다.[18] 우리는 이미 "사망에서 생명으로 옮겼"지만 영생은 여전히 미래에 주어질 선물이다.[19] 이미 그리스도께서 다스리고 계신다. 비록 그분의 원수들이 아직 그분의 발등상이 되지는 않았지만 말이다.[20]

현재와 미래 사이에 끼어 있는 그리스도인들의 독특한 입장은 소망,[21] 기다림,[22] 고대함,[23] 탄식함[24] 등으로 다양하게 묘사된다. 우리는 "열렬히"[25] 그리고 또한 "참음으로"[26] 기다리기 때문이다.

'지금'과 '아직', 이미 온 하나님 나라와 이제 올 하나님 나라의 중간기에서 핵심은 하나님의 백성 가운데 계시는 성령의 임재다. 한편으로 성령의 은사는 하나님 나라의 독특한 복이며 새 시대가 밝았다는 두드러진 표시다.[27] 다른 한편으로, 그분의 내주하심은 우리가 받는 하나님 나라의 유업의 시작일 뿐이기 때문에 그것은 나머지도 언젠가 우리의 것이 되리라는 보증이기도 하다. 신약에서는 이것을 설명하기 위해 세 가지 비유를 사용한다. 성령은 완전한 추수가 이루어질 것을 약속해 주는 "처음 익은 열매"이자,[28] 완전한 지불이 이루어지리라는 것을 약속하는 "보증금" 또는 첫 회 납부금이며,[29] 언젠가 완전한 축제를 즐길 수 있으

리라는 것을 약속해 주는 맛보기다.[30]

'지금'과 '아직' 간의 긴장에 대한 몇 가지 예를 들어 보자.

계시, 거룩함, 치유

첫 번째 예는 **지적 영역**, 혹은 **계시**의 문제다.

우리는 기쁨에 찬 확신을 갖고서, 하나님이 인간들에게 자신을 계시하시되, 창조된 우주 안에서, 우리의 이성과 우리의 양심 속에서뿐 아니라, 가장 중요하게는 그분의 아들이신 예수 그리스도 안에서, 그리고 그분에 대한 성경의 증거 안에서 자신을 계시하셨다고 단언한다. 우리는 감히 하나님을 안다고 말한다. 왜냐하면 그분이 주도권을 쥐시고 자신을 가리고 있는 커튼을 걷어 주셨기 때문이다. 우리는 하나님의 말씀이 우리의 길에 빛을 비추시는 것을 크게 기뻐한다.[31]

그러나 우리는 아직도 하나님이 우리를 아시는 것처럼 그분을 알지는 못한다. 우리의 지식은 부분적이다. 그분의 계시가 부분적이었기 때문이다. 그분은 계시하고자 하신 모든 것, 우리에게 유익하다고 생각하신 모든 것을 계시하셨지만 모든 것을 계시하시지는 않았다. 아직도 많은 신비가 남아 있다. "우리가 믿음으로 행하고 보는 것으로 행하지 아니함이로라."[32]

성경 저자들이 스스로 하나님의 계시의 도구임을 알았지만 그들의 지식은 여전히 유한하다고 겸손히 고백한 것과 같은 입장을 우리도 취해야 한다. "여호와께서 대면하여 아시던 자"인 모세

조차 다음과 같이 고백했다. "주 여호와여 주께서 주의 크심과 주의 권능을 주의 종에게 나타내시기를 시작하셨사오니."[33] 그리고 사도 바울을 생각해 보라. 그는 그의 지식을 어린아이의 미숙한 생각과 거울의 찌그러진 영상에 비유했다.[34]

그러므로 하나님의 계시가 주어졌다는 것과 그 계시의 최종성을 기뻐하는 것은 옳지만, 우리가 많은 것에 무지함을 고백하는 것 역시 옳은 일이다. 우리는 알지만 또한 모른다. "감추어진 일은 우리 하나님 여호와께 속하였거니와 나타난 일은 영원히 우리와 우리 자손에게 속하였나니 이는 우리에게 이 율법의 모든 말씀을 행하게 하심이니라."[35] 나타난 것과 숨겨진 것을 지속적으로 구별 짓는 것은 매우 중요하다. 개인적으로 말해서, 나는 우리가 계시된 것을 선포할 때 더 담대하고, 비밀로 남아 있는 것들 앞에서는 좀더 삼갈 수 있기를 바란다. 연합을 위해서는 명백하게 계시된 진리에 동의하는 것이 필요하다. 부차적인 일들에 대해서는 서로에게 자유를 주지만 말이다. 그리고 이것들을 인식하는 방식은 그리스도인들이 똑같이 성경에 순종함에도 어떤 문제들에 대해 서로 다른 결론에 도달할 때다. 세례, 교회 정치 제도, 예배 의식과 각종 의식들, 영적 은사들에 대한 주장과 예언의 성취 등을 예로 들 수 있다.

두 번째 긴장은 **도덕적 영역**, 혹은 **거룩함**의 문제다.

하나님은 우리를 거룩하게 만드시려고 이미 우리 안에 그분의 성령을 두셨다.[36] 성령은 우리의 타락하고 이기적인 본성을 정복하고 아홉 가지 열매가 우리의 성품 가운데 익어 가게 하시면서 우리 안에서 활발하게 역사하고 계신다.[37] 단언컨대 그분은 이미 우리를 그리스도의 형상으로 점차 변화시키시고 있다.[38]

그러나 우리의 타락한 성품은 뿌리 뽑히지 않았다. 왜냐하면 여전히 "육체의 소욕은 성령을 거스르[기]"[39] 때문이다. 따라서 "만일 우리가 죄가 없다고 말하면 스스로 속이[는]" 것이다.[40] 아직까지 우리는 하나님의 완전하신 뜻에 합당하게 되지 않았다. 아직까지 우리는 전 존재를 다해서 하나님을 사랑하거나 이웃을 우리 자신처럼 사랑하지 않기 때문이다. 바울이 말했듯이 우리는 "온전히 이루었다 함도" 아니요 우리 안에서 "착한 일을 시작하신 이가 그리스도 예수의 날까지 이루실 줄을" 확신하고서 "푯대를 향하여…달려[간다]."[41]

우리는 '지금'과 '아직' 사이, 계속되는 실패로 인한 낙담과 궁극적 자유의 약속 사이에 사로잡혀 있다. 한편 우리는 "너희는 거룩하라. 이는 나 여호와 너희 하나님이 거룩함이니라"[42] 하신 하나님의 명령과 "가서 다시는 죄를 범하지 말라"[43] 하신 예수님의 가르침을 매우 진지하게 받아들여야 한다. 다른 한편 우리는 내주하시는 성령의 실재와 더불어 내주하는 죄의 실재도 인정해야만 한다.[44] 우리가 열망하는 죄 없는 완전한 상태는 계속해서 우리를 교묘히 피해 간다.

'이미'와 '아직' 간의 세 번째 긴장은 **물리적 영역**, 혹은 **치유**의 문제에서 찾아볼 수 있다.

우리는 오랫동안 약속되었던 하나님 나라가 예수 그리스도와 함께 역사 속으로 들어왔다고 단언한다. 예수님은 단지 하나님 나라를 **선포하는** 것에 만족하지 않으시고 그분이 행하신 엄청난 일들을 통해 그 나라의 도래를 **보여 주셨다**. 그분의 능력은 특히 인간의 몸에서 명백하게 드러났다. 그분은 아픈 자를 치유하시고 귀신을 쫓아내시며 죽은 자를 살리셨기 때문이다.

그분은 열두 제자와 칠십 인에게 이스라엘에서 그분의 메시아적 선교를 확장하고 기적을 행할 권세를 주셨다. 그분이 자신의 권세를 얼마나 널리 발휘하시고자 했는가는 논란의 여지가 있는 문제다. 일반적으로 기적은 진정한 "사도의 표"였다.[45] 그럼에도 하나님을 제한하거나 한계를 정하는 것은 어리석은 일일 것이다. 우리는 그분의 자유와 주권을 인정해야 하며 오늘날에도 물리적인 기적이 일어날 가능성에 전적으로 마음을 열어야 한다.

그러나 아직 하나님의 나라가 완전히 임한 것은 아니다. "세상 나라"는 아직 "그가 세세토록 왕 노릇" 하실 "우리 주와 그의 그리스도의 나라"가 되지 않았기 때문이다.[46] 특히 우리의 몸은 아직 구속되지 않았으며 자연도 아직 그리스도의 통치 아래 전적으로 놓여 있지 않다.

그렇다면 우리는 이 영역에서도 '이미'와 '아직' 사이의 긴장을 인식해야 한다. 분명 우리는 "내세의 능력을 맛보[았다]."[47] 하지만 지금까지는 단지 맛만 보았다. 우리 그리스도인이 체험하는 것 중 일부는 예수님의 부활의 생명이 "우리 죽을 육체에 나타나게 하[는]"[48] 것이다. 동시에 우리의 육체는 계속해서 연약하고 죽을 수밖에 없다. 지금 완전한 건강을 주장하는 것은 우리의 부활을 앞지르는 것이다. 예수님의 육체적 부활은 하나님의 새로운 창조에 대한 보증이며 진정한 시작이다. 그러나 아직 하나님은 보좌에서 일어나셔서 "내가 만물을 새롭게 하노라"[49]라고 결정적으로 말씀하지 않으셨다. 오늘날 기적이 일어날 수 있다는 가능성 자체를 부인하는 사람들은 하나님 나라가 '이미' 왔음을 잊어버리는 것이며, 한편 그런 기적이 일어나는 것을 '정상적인 그리스도인의 삶'으로 기대하는 사람들은 하나님 나라가 '아직' 오지 않았음을 잊어버린 것이다.

교회와 사회

넷째, **교회적 영역**, 혹은 **교회 징계** 문제에서도 똑같은 긴장을 체험할 수 있다.

메시아이신 예수님은 현재 자기 주변에 그분의 백성, 그분이 부르신 진리와 사랑과 거룩함이 특징인 공동체를 모으고 계시다. 그러나 아직 그리스도께서 자신의 신부를 "자기 앞에 영광스러운 교회로 세우사 티나 주름 잡힌 것이나 이런 것들이 없이 거룩하고 흠이 없게"[50] 나타나게 하신 것은 아니다. 그와 반대로 현재의 교회의 삶과 증거는 실수, 불화, 죄로 손상당하고 있다.

그렇다면 교회를 생각할 때마다 우리는 이상과 현실을 결합해야 한다. 교회는 진리에 헌신하고 있으면서도 과오를 저지르기 쉽고, 연합되어 있으면서도 분열되어 있으며, 순수하면서도 불순하다. 우리가 교회의 실패들을 받아들여야 한다는 의미는 아니다. 우리는 교회의 교리적·윤리적 순수함과 가시적인 연합이라는 비전을 가슴에 품고 있어야 한다. 우리는 "믿음의 선한 싸움을 싸우라"[51]고 명령받는다. 우리는 또한 "평안의 매는 줄로 성령이 하나 되게 하신 것을 힘써 지[켜야]"[52] 한다. 그리고 이런 것들을 추구하는 과정에서 심각한 이단이나 죄가 들어올 경우에는 반드시 징계해야 한다.

그렇지만 오류와 악은 이 세상의 교회에서 완전히 뿌리 뽑히지 않을 것이다. 그것들은 진리와 선과 계속 공존할 것이다. 예수님은 밀과 가라지 비유에서 "둘 다 추수 때까지 함께 자라게 두라"[53]고 말씀하셨다. 성경도, 교회사도 이 세상에서 완전히 순수한 교회를 만들기 위해 심한 징계 수단을 사용하는 것을 정당화하지 않는다.

'지금'과 '그때', '이미'와 '아직' 사이의 긴장에서 다섯째 영역은 **사회적 영역**, 혹은 **진보**의 문제다.

우리는 하나님이 인간 사회 안에서 일하신다고 단언한다. 이는 부분적으로는 그분의 '일반 은총', 곧 악을 제어하고 관계들을 통제하는 수단으로 이 세상에 가정과 정부라는 복을 내려 주신 것에서 알 수 있다. 그리고 그것은 구속받은 공동체의 구성원들을 통해서도 드러난다. 그들은 부패를 지체시키고 어둠을 일소함으로 차이를 만들어 내면서, 소금과 빛처럼 사회에 침투한다.

그러나 하나님은 아직 약속하신 "의가 있는 곳인 새 하늘과 새 땅"[54]을 창조하지 않으셨다. 여전히 "난리와 난리의 소문"[55]이 있다. 아직 칼이 보습으로, 창이 낫으로 바뀌지는 않았다.[56] 민족들은 아직 그들의 다툼을 해결하는 방법으로 전쟁을 포기하지 않았다. 이기심, 잔인함, 두려움이 계속되고 있다.

그러므로 사회정의를 위해 일하고 더 개선하기를 기대하는 것은 정당하지만, 우리는 결코 사회를 완전하게 만들 수 없다는 것을 안다. 우리는 복음의 변혁시키는 능력과 그리스도인이 빛과 소금으로 끼치는 건전한 영향을 알지만, 악이 인간의 본성과 인간 사회에 깊이 뿌리박혀 있다는 것도 안다. 그리스도께서 다시 오실 때 그분만이 악을 뿌리 뽑고 영원한 공의를 세우실 것이다.

이것이 바로 '이미'와 '아직' 사이의 긴장을 반드시 유지해야 하는 다섯 가지 영역(지적·도덕적·물리적·교회적·사회적)이다.

그리스도인의 세 유형

이런 성경적 균형을 유지하는 정도에 따라 그리스도인을 세 유형으로 나눠 볼 수 있다.

첫째, **'이미' 그리스도인**이 있다. 그들은 하나님이 그리스도 안에서 이미 우리에게 주신 것을 강조한다. 그러나 결과적으로 그들은 남아 있는 신비는 전혀 없고, 극복할 수 없는 죄는 없으며, 치유되지 않는 질병은 없고, 뿌리 뽑히지 않는 악은 없다는 인상을 준다. 간단히 말해 그들은 지금 완전에 이를 수 있다고 믿는 것처럼 보인다.

이들의 동기는 흠잡을 데 없다. 이들은 그리스도를 영화롭게 하려고 한다. 그래서 이들은 그분이 하실 수 있는 일에 제한을 두지 않는다. 그러나 이들의 낙관주의는 쉽게 주제넘음으로 전락하고 환멸로 끝나고 만다. 이들은 신약의 '아직'이라는 측면과, 완전함은 재림에 이르러서야 이루어진다는 사실을 잊고 있다.

둘째, **'아직'** 그리스도인이 있다. 이들은 당분간 그리스도의 사역이 완성되지 않는다는 것을 강조하며 그리스도께서 자신이 시작하신 것을 완성시키실 때를 고대한다. 그러나 이들은 우리 인간의 무지와 실패, 질병과 죽음의 만연, 순수한 교회나 완벽한 사회를 이루는 것의 불가능성 등에 몰두하는 것처럼 보인다.

이들의 동기 역시 탁월하다. '이미' 그리스도인이 그리스도를 영화롭게 하기 원한다면 '아직' 그리스도인은 죄인들을 겸손하게 하기 원한다. 이들은 성경에 충실해서 우리 인간의 부패성을 강조하기로 결정했다. 그러나 이들의 비관주의는 쉽게 자기 위안으로 전락할 수 있다. 또한 현상을 받아들이고 악에 직면했을 때 냉담하게 반응할 수 있다. 이들은 그리스도께서 그분의 죽으심과 부활하심으로써 그리고 성령을 선물로 주심으로써 '이미' 해 놓으신 일, 그리고 그 결과 우리의 삶과 교회와 사회에서 하실 수 있는 일을 잊고 있다.

셋째, **'이미–아직'** 그리스도인이 있다. 이들은 예수님의 초림과 재림에 똑같은 비중을 두려고 한다. 한편으로 이들은 '이미'에 대해, 하나님이 그리스도를 통해 말씀하시고 행하신 일을 매우 확신한다. 다른 한편으로 이들은 '아직' 앞에서 진정한 겸손, 그리스도께서 재림하사 초림 때 시작하신 일을 완성하실 때까지 세상은 타락하고 반쯤 구원받은 채로 있으리라고 고백하는 겸손을 보인다.

진정한 성경적 복음 전도의 특징이자, 오늘날 매우 긴급하게 필요한 균형을 예시해 주는 것은 바로 '이미'와 '아직'의 결합이다.

'시대를 사는 그리스도인'으로서 우리의 입장은 예수님의 인격에 확고히 자리하고 있다. 그분의 죽음과 부활은 '이미'에 속해 있고, 그분의 영광스러운 재림은 미래의 '아직'에 속해 있다. 우리는 믿음과 승리로 다음과 같이 환호한다.

그리스도께서는 죽으셨다!
그리스도께서는 부활하셨다!
그리스도께서는 다시 오실 것이다!

주

서문

1 계 1:8.
2 히 13:8.

시리즈 서론: 시대를 사는 그리스도인—그때와 지금

1 시 119:105; 참고. 벧후 1:19.
2 Dietrich Bonhoeffer, *Letters and Papers from Prison*, 확대판 (SCM Press, 1971), p. 279. 『옥중서간』(대한기독교서회).
3 마 11:19.
4 Jaroslav Pelikan, *Jesus Through the Centuries* (Yale University Press, 1985), pp. 182-193를 보라.
5 고후 11:4.
6 딤후 1:15; 참고. 4:11, 16.
7 행 26:25.
8 겔 2:6-7.

교회: 서론

1 딛 2:14.
2 P. T. Forsyth, *The Work of Christ* (Hodder & Stoughton, 1910), p. 5.

3   J. R. H. Moorman, *A History of the Church of England* (A. & C. Black, 1953), pp. 329, 331.

1 교회에 대한 세상의 도전

1   Trevor Beeson, *Discretion and Valour* (Collins, 1974), p. 24.
2   Solzhenitsyn이 1983년 5월 London에서 템플턴상을 받으면서 한 연설에서.
3   Theodore Roszak, *Where the Wasteland Ends* (1972; Anchor, 1973).
4   앞의 책, p. 22.
5   앞의 책, p. 66.
6   앞의 책, pp. 227-228.
7   앞의 책, p. 67.
8   앞의 책, p. 70.
9   앞의 책, p. xxi.
10 Theodore Roszak, *The Making of a Counter Culture* (Anchor, 1969), p. 235.
11 Carlos Castaneda, *The Teachings of Don Juan* (1968; Penguin, 1970).
12 Margaret Singer, *Cults in Our Midst: The Continuing Fight Against Their Hidden Menace* (Jossey-Bass, rev. edn 2003), p. xvii.
13 *The Economist*, 1978년 11월 25일자.
14 Peter L. Berger, *Facing Up to Modernity* (1977; Penguin, 1979), p. 255.
15 David Spangler, *Emergence: The Rebirth of the Sacred* (Dell Publishing, 1984), pp. 12, 41.
16 Augustine, *Confessions*, 1권 1장. 『참회록』(생명의말씀사).
17 사 29:13; 막 7:6.
18 창 28:16.
19 고전 14:24-25.
20 원래는 *From Death-Camp to Existentialism* 이라는 제목으로 출간된 Viktor E. Frankl, *Man's Search for Meaning* (1959; Washington

Square Press, 1963), p. 165. 『죽음의 수용소에서』(청아출판사)
21 앞의 책, p. 154.
22 앞의 책, pp. 167, 204.
23 논문집 *Protest and Discontent*, ed. Bernard Crick and William Robson (Penguin, 1970), p. 22에 나오는 Arthur Koestler의 글인 'Rebellion in a Vacuum'에서.
24 Emile Durkheim, *Suicide: A Study in Sociology* (1897; ET, 1952; Routledge & Kegan Paul, 1975), p. 246. 『자살론』(청아출판사).
25 Desmond Doig, *Mother Teresa: Her People and Her Work* (Collins, 1976), p. 159.
26 *The Autobiography of Bertrand Russell* (Allen & Unwin, 1967), p. 13. 『인생은 뜨겁게』(사회평론).
27 *Newsweek* 1978년 4월 24일자에 나온 Jack Kroll의 말.
28 Graham McCann, *Woody Allen: New Yorker* (Polity Press, 1990), p. 222.
29 앞의 책, p. 248.
30 Stephen C. Neill, *Christian Faith Today* (Pelican, 1955), p. 174.

2 지역 교회를 통한 복음 전도

1 이 장은 Michael Green의 거대한 책 *Evangelism through the Local Church* (Hodder and Stoughton, 1990)가 출판되어 나의 손에 들어오기 전에 쓴 글이다. 그는 보기 드물게 신학자와 복음 전도자로서의 자질을 겸비한 사람이며, 예외적으로 폭넓고 다양한 복음 전도의 체험을 지닌 사람이다. 언제나 그렇듯이 글을 쓸 때 그는 신명 나고 영향력 있는 열심으로, 자기 주제를 네 부분으로 나누어 전개하고 있다. (1) '교회에서 논할 문제점들'(다종교 사회에서의 복음 전도의 본질과 필요성, 그 기초와 영역), (2) '세속적 도전들'(변증학에 대한 네 개의 장들), (3) '교회에 근거를 둔 복음 전도'(복음 전도적 설교, 개인적 복음 전도, 선교 그리고 다른 방법들), (4) '실용적인 부록'(구도자들을 위한 과정, 초신자들을 위한 모임, 팀을 훈련하는 법, 연극 사용, 예배를 인도하는 법 등). 이것은

머리와 마음과 손 모두가 지역 교회를 통한 복음 전도 활동에 헌신된 사람으로부터 나온 600쪽에 이르는 신학적·개인적·실제적 안내서다.

2   요 4:4-15.
3   행 8:26-35.
4   행 14:14-18.
5   행 17:22-23.
6   벧전 2:5, 9.
7   살전 1:5, 6, 8.
8   Alec Vidler, *Essays in Liberality* (SCM Press, 1957), 5장.
9   요 17:18; 20:21.
10 Michael Ramsey, *Images Old and New* (SPCK, 1963), p. 14.
11 *The Church for Others* (WCC, Geneva, 1967), pp. 7, 18-19.
12 Richard Wilke, *And Are We Yet Alive?* (Abingdon, 1986).
13 *Faith in the City* (Church House, 1985).
14 행 8:35.
15 롬 1:1, 3.
16 고전 15:3-5.
17 A. M. Hunter, *The Unity of the New Testament* (SCM Press, 1943).
18 John Poulton, *A Today Sort of Evangelism* (Lutterworth, 1972), pp. 60-61, 79.
19 예를 들어, 시 115:2.
20 예를 들어, 시 115:4-7.
21 요 1:18.
22 요 14:9.
23 골 1:15.
24 요일 4:12.
25 요 13:35; 17:21.

3   교회 갱신의 차원들

1   Charles Ross, *The Inner Sanctuary: An Exposition of John*

　　　　 Chapters 13–17 (1888; Banner of Truth, 1967), p. 216.
2　딤전 3:15.
3　엡 5:27.
4　마 11:19 = 눅 7:34.
5　새번역, 히 7:26.
6　Leon Morris, *The Gospel According to John, in the New International Commentary on the New Testament* (Marshall, Morgan & Scott, 1971), p. 730.
7　빌 2:7-8.
8　William Temple, *Readings in St John's Gospel* (first published in two volumes, 1939 and 1940; Macmillan, 1947), p. 327.

4　교회의 목회자

1　Richard Baxter, *The Reformed Pastor* (1656; Epworth, 2nd edn,1950), p. 24. 『참 목자상』(생명의말씀사).
2　David Hare, *Racing Demon* (Faber & Faber, 1990), p. 3.
3　앞의 책, pp. 34-35.
4　앞의 책, pp. 75, 97.
5　앞의 책, pp. 3-4.
6　앞의 책, p. 43.
7　앞의 책, p. 63.
8　앞의 책, p. 71.
9　앞의 책, pp. 66, 69.
10　고전 3:5, 의역하고 확대함. 바울은 의도적으로 인격을 나타내는 '누구'(who)가 아니라 중성 '무엇'(what)을 사용한다.
11　살전 5:12-13.
12　딤전 3:1.
13　Session 22, 1562.
14　*Decree on the Priestly Ministry and Life*, 1965, I.2.
15　앞의 책, p. I.5.

16 행 14:13.
17 예를 들어, 히 10:12.
18 계 1:6; 5:10; 20:6.
19 벧전 2:5, 9.
20 롬 12:1.
21 계 5:8; 히 13:15; 시 51:17.
22 빌 4:18; 히 13:16.
23 빌 2:17; 딤후 4:6.
24 롬 15:16.
25 C. H. Hodge, *Systematic Theology* (Thomas Nelson and Sons/ Charles Scribner and Co., 1875), vol. II, p. 467.
26 Norman Sykes, *Old Priest, New Presbyter* (CUP, 1956), p. 43.
27 John Calvin, *Institutes*, IV.v.4.
28 Richard Hooker, *Laws of Ecclesiastical Polity* (1593-1597), Book V.lxxviii.3.
29 히 5:1.
30 예를 들어, 출 19:22; 레 10:3; 16:2.
31 예를 들어, 출 30:20; 히 8:3-6.
32 예를 들어, 출 28:9-14, 29-30; 욜 12:17.
33 예를 들어, 레 10:11; 신 17:11; 대하 15:3; 17:8-9; 35:3; 렘 2:8; 말 2:1, 4-9.
34 예를 들어, 레 9:22-23; 민 6:22-27; 신 21:5.
35 예를 들어, 출 28:30; 신 21:5.
36 엡 2:18; 약 4:8.
37 히 10:19.
38 예를 들어, 벧전 2:5; 롬 12:1.
39 행 6:3-4.
40 예를 들어, 골 3:16; 갈 6:2.
41 예를 들어, 행 14:23; 20:17, 28; 딤전 3:1-2; 딛 1:5-9.
42 마 9:36.

43 행 20:28.
44 엡 4:11.
45 막 10:45.
46 고후 4:5.
47 요 10:11, 14.
48 벧전 5:4; 히 13:20; 벧전 2:25.
49 요 10:3, 14-15.
50 요 1:47-48.
51 눅 19:5; 행 9:4.
52 요삼 15절.
53 살전 1:2.
54 요 10:14.
55 요 10:15.
56 예를 들어, 요 14:21; 15:15.
57 요 10:11.
58 겔 34:2. 신약에서 이에 해당하는 것은 유 12절이다. 거기에서는 "자기 몸만 기르는 목자"에 대해 말한다. 즉 그들은 자신들이 돌보도록 맡겨진 사람들보다는 자신의 자아만을 섬기기 위해 자신들의 지위를 이용한다.
59 겔 34:4을 보라.
60 행 20:28.
61 Richard Baxter, *The Reformed Pastor* (1656; Epworth, 1939), pp. 121-122.
62 Chua Wee Hian, *Learning to Lead* (IVP, 1987), p. 35. 『오늘을 위한 성경적 리더십』(IVP).
63 시 80:1.
64 시 23:1-2.
65 요 10:3-4.
66 벧전 5:2-3.
67 요 10:9.

68　딤전 3:2.
69　딛 1:9.
70　요 21:17.
71　고전 3:2; 히 5:12.
72　골 1:28.
73　엡 4:12.
74　겔 34:14.
75　Lesslie Newbigin, *The Good Shepherd: Meditations on Christian Ministry in Today's World* (Faith Press, 1977), p. 14.
76　삼하 5:2.
77　살전 5:12.
78　히 13:17.
79　히 13:7.
80　예를 들어, 마 18:15-20; 고전 5:4-5, 13.
81　요 10:12-13.
82　마 7:15; 참고. 행 20:29-30.
83　삼상 17:34-35.
84　요 10:13.
85　겔 34:5.
86　딛 1:9.
87　요 10:16.
88　눅 19:10; 참고. 15:3-7.
89　겔 34:6.
90　Richard Baxter, *The Reformed Pastor* (1656; Epworth, 1939), pp. 121-122.
91　눅 15:7.
92　벧전 5:4.
93　막 10:43.
94　T. W. Manson, *The Church's Ministry* (Hodder & Stoughton, 1948), p. 27.

95 마 23:1-12.
96 고후 10:1.
97 Charles W. Colson, *Kingdoms in Conflict: An Insider's Challenging View of Politics, Power, and the Pulpit* (Morrow-Zondervan, 1987), p. 272.
98 앞의 책, p. 274.

시리즈 결론: 지금과 아직

1   막 1:15, *ēngiken*에 대한 그의 번역.
2   마 12:28, *ephthasen*.
3   예를 들어, 막 1:14-15; 마 13:16-17.
4   마 12:28-29; 참고. 눅 10:17-18.
5   눅 17:20-21.
6   예를 들어, 막 10:15.
7   마 6:10.
8   마 6:33.
9   막 9:47; 참고. 마 8:11.
10 마 25:34.
11 예를 들어 사 2:2; 마 12:32; 막 10:30.
12 갈 1:4.
13 골 1:13; 참고. 행 26:18; 벧전 2:9.
14 엡 2:6; 골 3:1.
15 예를 들어, 마 13:39; 28:20.
16 롬 12:2; 13:11-14; 살전 5:4-8.
17 롬 8:24; 5:9-10; 13:11.
18 롬 8:15, 23.
19 요 5:24; 11:25-26; 롬 8:10-11.
20 시 110:1; 엡 1:22; 히 2:8.
21 롬 8:24.
22 빌 3:20-21; 살전 1:9-10.

23　롬 8:19.
24　롬 8:22-23, 26; 고후 5:2, 4.
25　롬 8:23; 고전 1:7.
26　롬 8:25.
27　예를 들어, 사 32:15; 44:3; 겔 39:29; 욜 2:28; 막 1:8; 히 6:4-5.
28　롬 8:23.
29　고후 5:5; 엡 1:14.
30　히 6:4-5.
31　시 119:105.
32　고후 5:7.
33　신 34:10; 참고. 민 12:8; 신 3:24.
34　고전 13:9-12.
35　신 29:29.
36　살전 4:7-8.
37　갈 5:16-26.
38　고후 3:18.
39　갈 5:17.
40　요일 1:8.
41　빌 3:12-14; 1:6.
42　예를 들어, 레 19:2.
43　요 8:11.
44　예를 들어, 롬 7:17, 20; 8:9, 11.
45　고후 12:12.
46　계 11:15.
47　히 6:5.
48　고후 4:10-11.
49　계 21:5.
50　엡 5:27; 참고. 계 21:2.
51　딤전 6:12.
52　엡 4:3.

53 마 13:30.
54 벧후 3:13; 계 21:1.
55 막 13:7.
56 사 2:4.

옮긴이 **정옥배**는 외국어대학교 서반아어과를 졸업하고 IVP 간사를 역임했다. 합동신학대학원대학교, 미국 웨스트민스터 신학교, 풀러 신학교에서 공부했다. 현재 전문번역가로 활동 중이다. 옮긴 책으로 『신명기』『여호수아』『누가복음』『로마서』『에베소서』『베드로전서』 등의 BST 시리즈, 『비교할 수 없는 그리스도』『진정한 기독교』『하나님을 아는 지식』『사랑 연습』(이상 IVP) 등 다수가 있다.

옮긴이 **한화룡**은 경희대 경영학과를 졸업하고 IVP 간사를 역임했다. 합동신학대학원대학교, 미국 웨스트민스터 신학교, 풀러 신학교에서 공부했다. 현재 백석대학교 기독교학부 교수로 학생들을 가르치고 있다. 지은 책으로 『도시 선교』『4대 신화를 알면 북한이 보인다』(이상 IVP)가 있고, 옮긴 책으로 『가난한 시대를 사는 부유한 그리스도인』『가난한 자들의 친구』『하나님 백성의 선교』, BST 시리즈 『선교』(이상 IVP) 등이 있다.

시대를 사는 그리스도인
교회─세상이 감당하지 못하는 공동체

초판 발행_ 2021년 3월 25일

지은이_ 존 스토트·팀 체스터
옮긴이_ 정옥배·한화룡
펴낸이_ 정모세

펴낸곳_ 한국기독학생회출판부
등록번호_ 제313-2001-198호(1978.6.1)
주소_ 04031 서울시 마포구 동교로 156-10
대표 전화_ (02)337-2257 팩스_ (02)337-2258
영업 전화_ (02)338-2282 팩스_ 080-915-1515
홈페이지_ http://www.ivp.co.kr 이메일_ ivp@ivp.co.kr
ISBN 978-89-328-1814-6 04230
ISBN 978-89-328-1810-8 04230 (세트)

ⓒ 한국기독학생회출판부 2021

책값은 뒤표지에 있습니다.
무단 전재와 복제를 금합니다.